Arqueología subacuática
y patrimonio marítimo

Ana Crespo Solana

 CSIC
CATARATA

© Fotografía de cubierta: Arqueólogos trabajando en el yacimiento Rocciu 1. Brandon Mason (MATLtd), © CEAN, CSIC
© Ana Crespo Solana, 2024
© CSIC, 2024
http://editorial.csic.es
publ@csic.es
© Los Libros de la Catarata, 2024
Fuencarral, 70
28004 Madrid
Tel. 91 532 20 77
www.catarata.org

ISBN (CSIC): 978-84-00-11312-4
ISBN ELECTRÓNICO (CSIC): 978-84-00-11313-1
ISBN (CATARATA): 978-84-1067-088-4
ISBN ELECTRÓNICO (CATARATA): 978-84-1067-089-1
NIPO: 155-24-166-7
NIPO ELECTRÓNICO: 155-24-167-2
DEPÓSITO LEGAL: M-17.447-2024
THEMA: PDZ/NKR

A mi madre, que me enseñó a amar, y a Nigel,
por enseñarme los secretos del mar

Índice

Introducción

La arqueología histórica marítima y subacuática desempeña un papel fundamental a la hora de procesar, analizar y poner en valor el patrimonio relacionado con la acción antrópica sobre el océano. Océanos y mares han sido durante milenios medios para la transmisión cultural y tecnológica, constituyendo los lazos de unión de una historia geográficamente integrada, cuyo resultado se asume de su conexión con otras tantas infinitas geografías con las que desarrolla dispares tipos de vinculaciones, divergencias y convergencias.

Indiscutiblemente, el paradigma de que el medio natural impone unas determinadas circunstancias a las sociedades humanas a través de los siglos evoca, y da agencia, al océano en la historia de la humanidad. Aunque el giro oceánico en la historia mundial es relativamente reciente, ya hace tiempo que se reconoce el impacto que supuso la constatación de que todos los mares del mundo son uno solo. La certeza de que un navío equipado y tecnológicamente seguro podía conducir a los seres humanos a cualquier lugar del mundo y regresar por donde había venido con nuevos productos, recursos e información cambió las bases de la evolución de la civilización. Este proceso otorgó un protagonismo relevante al barco, en todas sus tipologías, desde las balsas y cayucos de la prehistoria, construidos con cañas cosidas o pieles de animales infladas, a las poderosas máquinas de los siglos de la modernidad clásica y contemporánea.

Este pequeño libro es el resultado de mis reflexiones e investigaciones durante años sobre la importante relación entre la historia marítima y el enorme patrimonio histórico existente en mares y océanos en todo el mundo. Intentaré explicar de forma concisa cuál es la relación entre ambas disciplinas, la historia y la arqueología, las líneas de investigación más importantes relacionadas con el estudio del patrimonio subacuático y la memoria tangible e intangible de las sociedades marítimas como problema histórico. Se expondrán de forma sintética cuáles son los métodos empleados en una excavación subacuática, incluyendo el buceo y las técnicas de prospección y excavación. También se expondrán algunos de los más importantes hitos legislativos que actualmente afectan al patrimonio sumergido, la relevancia de la literatura de naufragios, la construcción de las máquinas de mar, barcos históricos de madera y su historia inherente al progreso de la civilización humana, así como las consecuencias que estas narrativas han tenido en la concienciación de las relaciones entre las sociedades humanas y el océano.

Años de estudio dedicados al mar y a sus pueblos me han ayudado mucho a ampliar mi horizonte y me han hecho crecer como persona y como científica. Mis agradecimientos van para mis hermanos, Paco, María José y Lourdes, que me han acompañado en divertidas vivencias marítimas desde la infancia; a mis padres, Francisco y Rafaela, a los que añoro cada día, y a mis colegas historiadores y arqueólogos del mar, con quien comparto deseos, problemáticas, métodos, proyectos, aventuras, desasosiegos, esperanzas e incluso equipos de buceo. Espero que este libro abra los ojos y el corazón de sus posibles lectores y les estimule a amar el mar y su patrimonio.

CAPÍTULO 1

La arqueología científica bajo el mar

Definición del patrimonio cultural subacuático

En el albor de la Década del Océano (Unesco, 2021-2030) se está haciendo hincapié en la necesidad de producir datos sobre la relación entre océano y sociedad. La riqueza cultural e histórica del patrimonio cultural subacuático (PCS) es enorme en todo el planeta y afronta serios problemas de conservación y regulación jurídica comparables al que sufre el propio océano. El patrimonio cultural marítimo y subacuático es definido en el artículo 1 de la Convención sobre la Protección del Patrimonio Cultural Subacuático de la Unesco de 2001 como todos los rastros de la existencia humana que tengan un carácter cultural, histórico o arqueológico, "que hayan estado bajo el agua, parcial o totalmente, de forma periódica o continua, por lo menos durante 100 años". El PCS integra contextos arqueológicos naturales y culturales, zonas lacustres, en las aguas territoriales y en la plataforma continental, así como en todos aquellos medios y cuerpos de agua. Las evidencias materiales localizadas en estos ambientes constituyen, a su vez, continente y contenido.

Se trata de un patrimonio denominado tangible, al albergar artefactos y restos culturales, materialidades, en definitiva, relacionadas con la interacción entre la sociedad humana y el mar, pero también alberga un patrimonio intangible, al conectar análisis de conocimientos derivados de la lucha del ser humano con el océano y su necesidad de crear una tecnología que permita la vida en el mar. Dentro de este apartado tendríamos, por ejemplo, la construcción naval, la obra civil en costas y ríos, el desarrollo de una economía azul como la pesca y la recolección de especies, así como cualquier otra estrategia humana y cultural orientada al aprovechamiento de los recursos que proceden del mar. Este patrimonio intangible es también objeto de análisis de la nueva cultura científica comprometida con el océano, denominada Ocean Literacy (alfabetización marina o cultura oceánica)[1]. El estudio del patrimonio sumergido contribuye a reforzar conocimientos sobre el océano histórico, siendo la historia y la arqueología disciplinas generadoras de información que pueden responder a dilemas y enigmas relacionados con la navegación, la creación de una geografía cognitiva y el avance tecnológico reflejado tanto en la construcción de embarcaciones apropiadas como en el desarrollo de técnicas de pilotaje marítimo.

Arqueología e historia: interdisciplinariedad

No es necesario subrayar la secular relación entre el océano y los naufragios. El naufragio es el principal generador del yacimiento arqueológico relacionado con el océano. El yacimiento relacionado con una catástrofe marina derivada en hundimiento de una embarcación es uno de los objetivos más extendidos de la arqueología histórica marítima y se aplica a contextos producidos por diversos eventos como el naufragio, el abandono, una catástrofe natural (huracanes, por ejemplo) o productos consecuencia de batallas en el mar, algo común en el tiempo histórico. Incluso se incluyen también los contextos producidos por hundimientos intencionales llevados a cabo, por ejemplo, para crear una barrera artificial de

---

1. Se entiende por cultura oceánica la capacidad de entender y conocer la influencia del océano en la vida cotidiana y el efecto de las actividades humanas sobre el océano en programas de educación formal, capacitación y alfabetización.

arrecifes. Se han estudiado yacimientos sumergidos relacionados con pecios de la Antigüedad y se ha desarrollado una arqueología subacuática clásica dedicada al estudio de los yacimientos sumergidos y pecios romanos, fenicios o púnicos.

En España tenemos importantes casos de estudio que han contribuido a confirmar una metodología científica de indudable importancia internacional. Por desgracia, los pecios de barcos de la Edad Moderna han recibido una menor atención científica, además de ser objeto de deseo por parte de empresas privadas y buscadores de tesoros. En el caso español, el propio concepto de galeón de la Carrera de Indias ha sido definido erróneamente como barco de la "flota de los tesoros", usándose así de forma peyorativa por las propias consecuencias negativas que conlleva. Un problema puesto en evidencia en los yacimientos que han sido expoliados u objeto de intervenciones sin base o metodología científica es que muchos de ellos han sido destruidos, dificultando posteriores estudios arqueológicos profesionales.

Un yacimiento se define como una zona de concentración de restos, pero también es un área conectada y relacionada incluso con otras zonas con similares características en las cuales subyace un paisaje, como en tierra. Los yacimientos subacuáticos son muy variados. De hecho, el pecio, aunque es la tipología más conocida, no es la más común. No obstante, los yacimientos arqueológicos marítimos o subacuáticos que están al alcance del arqueólogo-buceador suelen ser, generalmente, aquellos restos producto de un naufragio. A los barcos sumergidos, pero también abandonados en estuarios, viejos puertos o embarcaderos, así como en cualesquiera otros enclaves costeros, se les ha definido en muchas ocasiones como cápsulas del tiempo al ser producto de un momento concreto y no el resultado de una continua evolución y acumulación de capas de material. La investigación histórica basada en fuentes primarias nos ofrece información de todas esas potenciales capas de información relativas a los naufragios. Es por ello por lo que la arqueología subacuática está intrínsecamente relacionada con la historia marítima. Como disciplina que analiza el pasado histórico desde la evidencia material, la arqueología marítima y subacuática implica también una encrucijada de métodos y perspectivas abiertas a la interdisciplinariedad y a la experimentación con múltiples e innovadores modelos de análisis entre los que se encuentran las herramientas de las humanidades digitales, la fotogrametría, los análisis geofísicos y espaciales, la dendrocronología o los estudios paleoambientales.

Definición de la arqueología marítima y subacuática

En términos generales, la arqueología subacuática y marítima es una subdisciplina de la arqueología que estudia el pasado histórico a través de la recopilación de vestigios de cultura material y su investigación, pero basado en una metodología específica que implica la adaptación del arqueólogo, y sus métodos, al medio marino. Se trata de enfocar el estudio de las huellas materiales localizadas en cuerpos de agua, de naturaleza u origen antrópico y que aún sobreviven de civilizaciones pretéritas. El arqueólogo, al igual que el historiador, es como un astrónomo que estudia el polvo de las estrellas que fenecieron, pero de las cuales aún sentimos su presencia a través de señales, testimonios, materialidades y huellas. La historia y la arqueología van de la mano en este conocimiento del pasado con el objeto de preservar la memoria, haciéndola revivir y convirtiéndola en una base identitaria del presente. Como en toda ciencia, el reto importante para el investigador es el establecimiento de preguntas más que el hallazgo de respuestas en sí mismas, ya que con ello nos vemos en la situación de cambiar nuestra mente y nuestro modo de pensamiento o de entender el mundo.

Aparte de la elección de estándares aceptables para el trabajo científico en el agua, la arqueología subacuática no es solo un conjunto de técnicas, sino que también está delineada por una serie de principios teóricos. No solo describe, sino que también explica. Como disciplina científica, la arqueología subacuática extiende las técnicas de la arqueología clásica al mundo marino. Pioneros de esta ciencia la han descrito ampliamente incidiendo en varias acepciones, conceptos o características. Por ejemplo, Keith Muckelroy (1978: 4) decía que el objeto principal de la arqueología marítima era el ser humano y no los navíos, su cargamento o los instrumentos de navegación que se pudieran hallar en uno de estos yacimientos bajo el mar o varados en áreas costeras o intermareales. Esta acepción confirma, de alguna manera, su relación con la historia. Para la arqueología histórica, los artefactos, las muestras de madera de pecios o las estructuras en conexión halladas de los mismos son también datos empíricos como los recogidos en la documentación histórica, pero desde una perspectiva interdisciplinar. Los datos que proveen las fuentes escritas, sea cual sea su naturaleza, siempre han de ser cotejados con otros datos estudiados a la luz de distintas metodologías y disciplinas. La búsqueda, localización y análisis de fuentes documentales es un paso previo dependiendo de su disponibilidad y no siempre es fácil dependiendo de la era histórico-cronológica que se estudia.

Conceptos y objetivos

El objetivo de la arqueología subacuática es variado y sus áreas de trabajo diversas. La arqueología de cuerpos de agua ha recibido distintas nominaciones dependiendo del objetivo específico de estudio. Así, hablamos de arqueología náutica, subacuática o marítima, al igual que también hay una arqueología intermareal y de costas. El concepto de arqueología marítima es el más generalizado y alude de forma habitual a la interacción entre seres humanos y todos los contextos acuáticos, haciendo hincapié de forma especial en el análisis de los restos de embarcaciones, instalaciones costeras, estructuras portuarias, cargamentos, restos humanos o paisajes sumergidos. Una especialidad de la arqueología marítima es la arqueología naval, en ocasiones también denominada como náutica, que se ocupa del estudio de los procesos históricos que han interferido en la construcción de embarcaciones y en su arquitectura. Esta es la definición que ofrece la *Encyclopedia of Archaeology*, publicada por la Universidad de Oxford (2008).

La arqueología náutica se dedica al estudio arquitectural de todo tipo de embarcaciones, desde barcos pequeños hechos para propósitos comerciales y pesqueros, con pocos medios, a los grandes barcos históricos en madera. Pero también encontramos otras definiciones más exhaustivas, si cabe, y que responden mejor a la amplia variedad de métodos que pueden aplicarse a diferentes casos de estudio. El manual *NAS Principle for Underwater Archaeology*, publicado por la propia Nautical Archaeological Society, describe también lo que *no* es arqueología subacuática: el *salvage* (salvamento o rescate), las acciones de cazatesoros con objetivos lucrativos o de colección de piezas u objetos, la destrucción masiva sin registro previo, la recolección simple de objetos y la dispersión de artefactos, los cuales quedarán así perdidos para el futuro.

En el campo de la arqueología marítima se pueden incluir también sitios terrestres, generalmente situados en costas o en estuarios de ríos, relacionados con embarcaciones y su construcción, cementerios de barcos, depósitos de maderas utilizadas con fines industriales, etc. En estos casos también se describe la arqueología intermareal, generalmente relacionada con las áreas costeras y litorales, en el límite entre la pleamar y la bajamar. Comprende hábitats marinos y terrestres en la intersección entre el mar y la tierra, por lo que estos espacios han sido de singular importancia en la evolución de aquellas sociedades más relacionadas o dependientes de los recursos marítimos. Pero también incluye restos derivados de las industrias relacionadas con el mar, como la carpintería de ribera y la localización de restos abandonados históricamente por el quehacer de estas industrias. Algunas de estas zonas están incluidas en recintos militares, al corresponderse con astilleros históricos, como La Carraca (en Cádiz), por lo que la colaboración entre las Armadas nacionales y los científicos e instituciones dedicadas al estudio y conservación del patrimonio es fundamental.

La franja intermareal también tiene una gran importancia desde el punto de vista ecológico, pues la naturaleza afecta a los organismos que la habitan, pero también a los propios restos arqueológicos en sí, especialmente si son de naturaleza orgánica, como la madera.

El concepto subacuático implica cualquier medio natural o artificial en contextos de agua, como el mar, océanos, lagos, ríos, pantanos, cuevas o incluso cenotes o pozos de agua de gran profundidad que se alimentan por la filtración de la lluvia y por las corrientes de los ríos subterráneos. Hay cenotes localizados en muchas zonas del planeta, desde México a Australia, pasando incluso por Italia y Reino Unido. Ambientes acuáticos artificiales como embalses, pozos o canales también pueden ser objeto del estudio arqueológico en determinados casos. Para estos últimos, existe una metodología específica, aunque siguiendo también los principios estratigráficos correspondientes y no solo de acuerdo a las prácticas propias de la ingeniería o de la arquitectura. En muchas ocasiones, el patrimonio se ha visto inundado históricamente en pantanos y en zonas cercanas a diques.

Así, el concepto subacuático está siempre relacionado con la condición de yacimiento o restos sumergidos, tengan o no una índole marítima. Esto también hace referencia a que la arqueología subacuática no solo estudia restos derivados de la acción humana, sino que también se ocupa de vestigios o restos de paisajes, asentamientos humanos que una vez estuvieron en tierra y que con el paso de los siglos se encuentran sumergidos como consecuencia de procesos naturales en el nivel del mar.

Existe también una arqueología de las profundidades de los océanos, de los abismos e incluso en las zonas pelágicas, es decir, aquellas que no se encuentran en la plataforma continental (*deep archaeology*), la cual requiere tecnologías avanzadas, así como embarcaciones y buques oceanográficos equipados con robótica adecuada para el trabajo en el fondo marino.

La arqueología subacuática y marítima también implica el estudio de zonas litorales (o intermareales) o neríticas, es decir, aquellas partes relativamente poco profundas del océano (hasta los 200 metros) y que están justo por encima de la caída de la plataforma continental. En realidad, la arqueología de las profundidades o de inmersión profunda hace referencia al estudio arqueológico de los recursos culturales más allá de los límites del buceo tradicional. Por ello, la exploración arqueológica a grandes profundidades (descubrimiento, registro, excavación y recuperación) requiere herramientas con funciones específicas.

Son relevantes algunos casos de estudio de naufragios muy antiguos, como el Black Sea Maritime Archaeology Project, iniciado en 2016. En este proyecto se localizaron 41 naufragios de la época bizantina en la costa búlgara del mar Negro, de unos 2400 años de antigüedad. Este y otros ejemplos, como el buque mercante griego datado alrededor del 400 a. C. cerca de la costa de Bulgaria a una profundidad de 2000 metros, han sido objeto de estudio gracias al uso de vehículos operados por control remoto sumergibles (ROV) y de la fotogrametría 3D.

La arqueología de las profundidades se ha visto también apoyada por el empleo de submarinos cuyos costes son prohibitivos para el arqueólogo profesional, aunque a veces se han utilizado en el estudio de casos excepcionales. En 1986, el submarino tripulado Alvin, perteneciente a la Woods Hole Oceanographic Institution (EUA), con el buque Atlantis II exploró el pecio del RMS Titanic, hundido a 4000 metros de profundidad en las aguas del Atlántico norte. El ambiente anóxico, es decir, sin oxígeno libre o escaso, en estas profundidades marinas garantiza un buen estado de conservación de los restos arqueológicos, especialmente la madera, ante la imposibilidad de que organismos típicos devoradores de madera, como los xilófagos, puedan sobrevivir a tales profundidades. Entre 2015 y 2017, el Museo Nacional de Arqueología Subacuática de España (ARQVA) llevó a cabo tres campañas de prospección, documentación y excavación en el yacimiento de la fragata Nuestra Señora de las Mercedes, a más de 1000 metros de profundidad, con el buque oceanográfico Ángeles Alvariño del Instituto Español de Oceanografía (IEO), y la última con el buque Sarmiento de Gamboa, gestionado por la Unidad de Tecnología Marítima del CSIC. En las tres campañas se contó con el ROV Liropus 2000.

En términos de patrimonio, hay que indicar que históricamente han sido las aguas costeras y arrecifes los que representan el mayor peligro para los barcos y la gente de mar. Las embarcaciones suelen perderse en las áreas costeras, generalmente en zonas de playas o áreas de escasa profundidad. Los barcos que se hunden en aguas profundas experimentan una transición gradual y su estudio científico está aún a falta de una metodología integral. La existencia actual de una alta tecnología no implica necesariamente que existan unas técnicas o métodos arqueológicos convenientes y profesionales. No debemos olvidar que la tecnología es solo un instrumento que debe utilizarse con un proyecto claro y destinado a plantear adecuadas preguntas de investigación. Así, antes de abastecernos con una tecnología adecuada, un magnetómetro, un sónar de barrido lateral o un perfilador de fondos, también debemos tener en cuenta factores clave como la información ofrecida por la memoria histórica oral o escrita, el estudio de la documentación, siempre con los métodos de búsqueda y análisis profesionales.

También es muy importante conocer la relación que existe entre el clima y la geografía en las zonas donde se producen naufragios para entender las propiedades de dichos entornos; por ejemplo, en los lugares de mucho viento concurren fuertes corrientes en zonas de mucha profundidad, como sucede en áreas de la Sonda de Campeche, en el golfo de México. También debemos tener en cuenta cambios geofísicos históricos relacionados con crecientes procesos de sedimentación, estuarios y líneas de costa que han cambiado con el tiempo, e incluso procesos causados por la acción del ser humano, la obra civil y portuaria que, por desgracia para el historiador y para la sociedad en general, ha hecho desaparecer o ha destruido parcialmente el patrimonio.

El sitio o yacimiento arqueológico subacuático hace referencia a objetos, estructuras o paisajes. El barco hundido se ha definido como pecio, término derivado del latín posclásico *pecia* o *petia*, o también *pecium* o *petium*, que significa 'fragmento o pieza rota'. Como tal concepto se aplica a los restos de un artefacto o nave fabricado por el ser humano que se halla total o parcialmente sumergido en un cuerpo de agua. La formación de un yacimiento sumergido, aunque consecuencia de un hecho histórico concreto, experimenta una evolución, que se denomina deposicional, desde el punto de vista arqueológico.

Martin Gibbs (2006: 7) desarrolló un diagrama para el análisis de la evolución de un naufragio y poder así explicar los factores que convierten un barco en pecio. Posteriormente, este diagrama ha evolucionado y ha sido perfeccionado por otros especialistas, sobre todo en el estudio de la formación de los contextos arqueológicos. Este modelo pretende también esclarecer y definir los posibles factores culturales asociados a la navegación de un barco y los eventos relacionados con sus singladuras y eventos, especialmente aquel último generador del naufragio y, por ende, del yacimiento. Este modelo ha sido aplicado a varios estudios arqueológicos, identificando procesos generales en torno a la formación de restos arqueológicos sumergidos sobre los que no se tiene información documental.

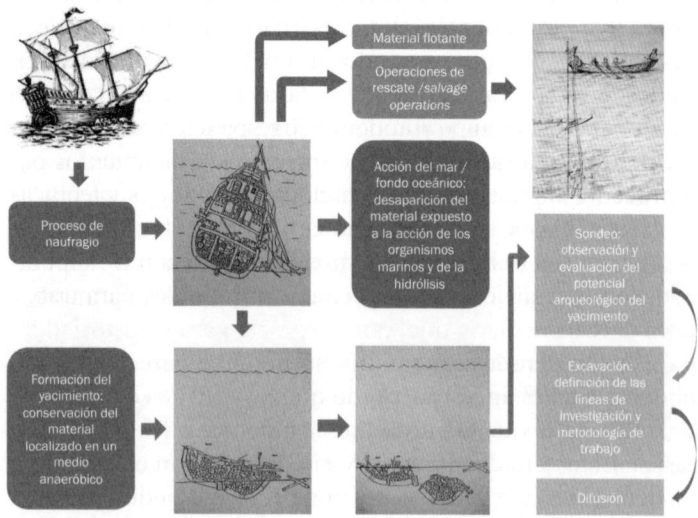

CAPÍTULO 2

Adaptación al medio e historia del buceo

La arqueología científica bajo el mar está indisolublemente unida a la historia de las exploraciones oceánicas y el deseo humano por conocer los fondos marinos. La acción humana en el mar ha permitido una conexión ancestral con el medio marítimo y ha dejado restos materiales de gran importancia, por lo que es fundamental el desarrollo de unas técnicas y metodologías que permitan su estudio. La arqueología subacuática llevada a cabo como tal es la que se desarrolla con el equipo SCUBA (equipo autónomo de respiración bajo el agua), que permite al arqueólogo sumergirse en los yacimientos para proceder al registro e intervención con métodos y técnicas similares a las que se llevan a cabo en la arqueología de tierra. No obstante, el trabajo en entornos de agua está muy supeditado al avance de los medios técnicos disponibles para trabajar en el mar.

El afán del ser humano por sumergirse y moverse en el fondo marino es ancestral, por lo que los intentos de desarrollar maquinaria que lo permitan se remontan a la Antigüedad clásica. El historiador Plinio el Viejo describió ya en su obra a los Urinatores, buceadores del Imperio romano que empleaban lo que podría considerarse un antecedente básico del tubo respirador (actualmente, el *snorkel*) y a los que se pagaba en función de los objetos que recuperaban del fondo marino.

Solían recibir una tercera parte del valor de los objetos si estos se encontraban a una profundidad de hasta 15 metros y la mitad del valor en caso de que la profundidad alcanzase los 27 metros.

El uso de bolsas u odres de piel, generalmente de cabra o cerdo, llenos de aire aparece en la iconografía del bajorrelieve del palacio de Asurnasirpal (668-631 a. C.) y también en los templos y conjuntos funerarios de Deir el-Bahari, en Tebas (1450 a. C.). Pero incluso antes ya existían pescadores de esponjas o recolectores de perlas que se sumergían sin usar ningún tipo de artilugio. Se les ha conocido con el término de *skindivers*, es decir, personas que buceaban a pulmón y que llegaron a realizar proezas, tal como se narra en la *Ilíada* y la *Odisea* de Homero. En algunos casos se los utilizó con fines militares. Herodoto habla de un famoso buceador llamado Scyllis, quien fue empleado como "hombre rana" para el rescate de barcos del naufragio de la flota del rey de Persia Jerjes I en el año 480 a. C.

Muy pronto se inició una carrera de inventos prodigiosos para el desarrollo de las actividades de buceo. Sin embargo, ya Aristóteles (382-322 a. C.) llegó a observar el peligro que podría suponer el fenómeno de la presión y sus consecuencias en el cuerpo humano. Ante estos descubrimientos anatómicos, se incidió más en la invención de mecanismos y artilugios para sobrellevar la exposición a la presión del mar, especialmente peligrosa por debajo de ciertas profundidades. Existe una leyenda de que el propio Alejandro el Grande (356-323 a. C.) construyó una especie de campana de buceo, llamada Colympha, en la que el rey se sumergió acompañado de un gato y una gallina. Una bella ilustración sobre esta proeza aparece en el libro, manuscrito iluminado, titulado *Le livre et la vraye hystoire du bon roy Alixandre*, publicado hacia 1420. Pero es solo una leyenda.

Durante el Renacimiento, sin embargo, proliferaron inventos destinados a la inmersión. El propio Leonardo da Vinci diseñó un par de aletas e incluso llegó a dibujar un modelo de equipo de respiración bajo el agua formado por un tubo y una máscara. En un manuscrito alemán de 1430 aparece lo que podría ser el primer traje de buceo. Se trata de la obra anónima *Manuscrito de la Guerra Husita* (*ca.* 1430), aunque es probable que se trate de un invento contemporáneo que desarrolló el ingeniero alemán Konrad Kyeser, autor de la obra *Belli fortis*. En general, estas obras eran de carácter militar y el objetivo de estos trajes o escafandras era proveer a los soldados de un equipo que les permitiera bucear para hundir barcos enemigos. El uso de la escafandra aparece en obras como *De ingeniis* (1439), de Mariano di Jacopo; aunque como concepto, *scaphandre* (del griego *skaphe*, 'barca', y *andros*, 'hombre'), no sería acuñado hasta 1775 por el sacerdote y matemático francés Jean-Baptiste la Chapelle (*ca.* 1710-1792). En este caso no se hizo para la inmersión, sino para la flotación, por lo que la Academia de Ciencias de París no la vio útil en su momento. Y estas escafandras antiguas no tienen nada que ver con la escafandra moderna, compuesta por un casco, un traje de goma y unas botas lastradas con plomo para caminar por el fondo del mar, y que más tarde inventaría Augustus Siebe.

Campanas de buceo y compartimentos rígidos

En tiempos históricos se utilizó la campana de buceo, un artilugio inspirado en la ley fundamental de la física y que sostenido desde una embarcación permitía que los buceadores respiraran dentro de la campana pudiendo salir al exterior y volver sucesivamente hasta que el aire se viciara y se tuviese que proceder a la emersión de la campana a superficie. Estas campanas eran transportadas por una embarcación e izadas con poleas, generalmente construidas en madera o metal, dependiendo, en cada caso, de una cantidad determinada de lastre. En la obra del ingeniero mayor de Felipe II Juanelo Turriano (1500-1585) *Los veintiún libros de los ingenios y máquinas* aparece una esfera metálica con orificios acristalados para poder ver y un hueco por donde pasar la cabeza. Iba colocada en un bastidor provisto de flotadores y un contrapeso que se elevaba mediante manivela. La obra *Architectura militare*, de Francisco de Marchi, describió en 1531 la campana de Guillermo de Lorena, ideada para el rescate de los barcos del emperador romano Calígula hundidos en el lago Nemi. En 1582, un siciliano, Giuseppe Bono, presentó al rey Felipe II un proyecto de campana de bronce y solicitó una licencia para bucear las costas de los reinos de la monarquía española, en Europa y en América. Bono solicitaba en su licencia el derecho a quedarse con la décima parte de lo extraído en cada rescate subacuático.

Otros sistemas de campanas para bucear se diseñaron en el siglo XVII, donde destaca la proyectada por Francisco Núñez Melián en 1626. Era una campana de bronce fundida en La Habana, destinada a la recuperación del cargamento de los galeones Nuestra Señora de Atocha y Santa Margarita, cuyo hundimiento tuvo lugar cerca de las costas de Florida en 1622. Durante los siglos XVII y XVIII estas campanas proliferaron con el objeto de permitir inmersiones en las que el buzo podía incluso salir de ella bajo el agua portando un tubo auxiliar y una especie de pequeña campana sobre su cabeza que le daba cierta libertad, aunque siempre conectado al tubo principal, que vinculaba la campana con la superficie desde donde era alimentada. Este sistema llegó a utilizarse en profundidades de hasta 18 metros para diversos tipos de trabajo bajo el agua, como construcción de puentes, rescates de barcos hundidos o fines militares. Uno de los prototipos de campanas más desarrollados fue el que aparece en la ilustración del arquitecto militar sueco Marten Triewald, hacia 1728, descrita en la obra clásica *A history of diving, from the earliest times to the present date*, editada en 1871 por Heinke y Davis.

Generalmente, estas campanas permitían al rescatista permanecer sentado en el interior sin bucear, mientras el artilugio era arrastrado desde la superficie por un barco de apoyo. Se siguieron utilizando hasta que, en 1812, James Rennie diseñó la campana de Smeaton. En realidad, este nuevo modelo de campana nombrada en honor al padre de la ingeniera civil John Smeaton (1724-1792), miembro de la Royal Society de Londres y uno de los mayores contribuyentes a la revista *Philosophical Transactions*, llegó del perfeccionamiento de las utilizadas anteriormente. Un caso importante fue la campana del astrónomo británico Edmund Halley, empleada hacia 1716 para el rescate de cargamentos de naufragios. Incluía una serie de barriles adosados para proporcionar aire a los buzos hasta una profundidad de 18 metros. Estaba compuesta por una cámara de madera con el fondo abierto y ventanas de cristal en la parte superior. La versión de Rennie consistía en una campana de hierro fundido y de grandes dimensiones suspendida desde una estructura metálica móvil y conectada a través de una manguera a una bomba de presión que llenaba la estructura de aire hasta el punto en que los buzos en su interior trabajaban en seco.

Las campanas o sistemas estancos para el buceo a gran profundidad que se utilizan en la actualidad están de alguna manera inspiradas en la versión de Rennie. Generalmente, no se utilizan para las operaciones de buceo relacionadas con el estudio del patrimonio subacuático, pero sí para trabajos avanzados de ingeniería o de naturaleza militar. La operatividad de estos sistemas debe ser cuidadosamente supervisada, ya que cualquier fallo entraña elevados riesgos para los buceadores. Un caso terrible sucedió en noviembre de 1983 cuando la tragedia sobrevino en una plataforma marina de exploración petrolera en el mar del Norte, entre las costas de Reino Unido y Noruega. En dicha ocasión, dos buzos fallecieron tras regresar a la superficie después de una inmersión en una campana de buceo. Actualmente, estas son recámaras rígidas que soportan grandes presiones a medida que aumenta la profundidad y con aire altamente presurizado en el interior. En la superficie los buzos deben pasar por una fase de descompresión en un habitáculo diseñado para ello. La campana, el pasadizo y la cámara de descompresión deben estar sellados, y un error en la apertura de compuertas que conectaba la campana con el túnel tuvo como consecuencia una caída abrupta de la presión que provocó la muerte de los buzos que se encontraban pasando el proceso de descompresión.

Durante la Edad Moderna se sucedieron otros experimentos con estos sistemas pioneros de buceo que aún limitaban la capacidad respiratoria del buceador al no poder alcanzar más de seis metros de profundidad por el aumento de la presión. Aparte de las campanas de buceo descritas, pronto se diseñaron artilugios más complejos o acorazados que permitían la inmersión. La primera referencia a este tipo de implementos son los equipos de Lethbridge (1715), Rowe (1727), Jules le Batteaux (1853), Phillips (1856) o el de Lafayette (1875). Todos tenían en común que eran trajes articulados o rígidos, o compartimentos que permitían albergar dentro a un operador capaz de manipular objetos bajo el agua.

Estos equipos evolucionaron hasta la Primera Guerra Mundial, creándose cámaras o batisferas, equipos sumergibles como el de William Beebe y Otis Barton (1912). En 1924, Joseph Salim Peress diseñó un modelo que sería precursor de los sistemas actuales de equipos acorazados de buceo atmosférico. En 1930, una empresa de salvamento marítimo lo perfeccionó bajo el nombre JIM, empleándolo en el reconocimiento y la identificación del buque Lusitania, hundido en Irlanda y que se encontraba a 150 metros de profundidad. En 1778, Jorge Bosch Bernat diseñó una máquina de rescate de navíos hundidos. Este constructor de órganos de iglesias y catedrales, muy valorado en su época, aplicó sus conocimientos de ingeniería para extraer artefactos del fondo marino. En 1791, Pedro Amable Burlet construyó una máquina hidráulica que era útil a profundidades pequeñas.

Antecedentes del buceo autónomo: respirar bajo el agua

El buceo autónomo que permitiría al buzo una mayor independencia de movimientos conoció, sin embargo, una evolución más lenta, al socaire de las condiciones tecnológicas de cada periodo histórico. Lo que hoy día se conoce como traje de buceo y sus accesorios diseñados para moverse en el agua a determinadas profundidades permitiendo una respiración autónoma es, en verdad, producto de siglos de experimentación. En España existen interesantes aportaciones, pues ya en el siglo XVII

Jerónimo de Ayanz y Beaumont inventó un sistema basado en un tubo simple con una válvula conectada a un saco de piel con la que intentó bucear en 1603. En 1613, un capitán de artillería, Diego de Ufano, diseñó lo que podría considerarse el primer traje de buceo, aunque es posible que el diseño estuviera inspirado en el modelo descrito por Flavio Vegecio Renato, publicado hacia 1511 en su *De re militari*. Se trataba de un atuendo de piel de cabra con una chaquetilla, un capuchón en forma de manguera que se conectaba a la superficie por un flotador.

En 1623, el secretario del rey Felipe III en el Consejo de Indias, Pedro de Ledesma, publicó una colección de grabados en la que reflejaba un invento para poder bajar al fondo marino hasta una profundidad de entre 27 y 42 metros. Desde finales del siglo XVII se experimentaron diversos trajes y escafandras, con escaso éxito en algunos casos, como el traje de Giovanni Alfonso Borelli, de 1679. En el Museo Raahe, en Finlandia, se conserva un traje de buceo datado en el siglo XVIII, una monopieza confeccionada en cuero cosido y sellado con brea. Tenía un gorro en forma de cono con tres orificios cerrados con vidrio para la visión exterior. El buzo que lo llevara respiraría a través de la conexión existente en la parte posterior del cuello hacia un sistema de alimentación rudimentario y bastante rígido compuesto de manguera de cuero y tubos de madera. Similares inventos se llevaron a cabo en Francia, con Alejandro Duran en 1720 o con el inventor Fréminet en 1772, pero fue durante el siglo XIX cuando el traje de buceo experimentó avances a partir de los inventos del ingeniero alemán Karl Henrich Klingert (1797). Klingert inventó un traje estanco compuesto de un casco metálico y unido por una prenda interior, desarrollado posteriormente por Frederic von Drieberg (1808), Augustus Siebe (1819-1837) y más tarde por Benoît Rouquayrol y el teniente de navío Auguste Denayrouze en 1864.

En 1787, por real orden de Carlos III, se creó la primera escuela de buceo del mundo dentro de la Armada, con delegaciones en cada uno de los departamentos de marina de Cádiz, el Ferrol y Cartagena. Estas escuelas de buzos funcionaron hasta 1922 con un reglamento que fue aprobado en 1790, en gran medida, tributario de una experiencia anterior reflejada en diversas ordenanzas establecidas en 1611, 1633 y 1748, siempre relacionadas con las misiones de la Armada. En el siglo XIX, el perfeccionamiento evolutivo de la escafandra situó un precedente importante para el inicio científico de la arqueología subacuática, aunque lejos aún de las posibilidades que ofrecería el equipo autónomo.

El ingeniero alemán Augustus Siebe ha sido llamado el padre del buceo moderno. Trabajando con los hermanos Charles y John Deane, en Inglaterra, desarrolló el traje de buceo más avanzado de la época permitiendo al buceador una gran libertad de movimientos bajo el agua. John Deane, conocido como el "buzo infernal" por haber adaptado al buceo un traje que se usaba para apagar incendios, inventó la escafandra autónoma y realizó operaciones de buceo en el pecio del Mary Rose, barco de guerra del rey Enrique VIII hundido en 1545. El avance de estos mecanismos supuso configurar la idea de un diseño con arneses situado en la espalda del buzo para portar un saco u objeto estanco portador de aire. Siebe creó el casco de tres ventanillas (1830), la válvula antirretroceso para que el aire bombeado desde la superficie fuese repelido por la presión del agua (1836) y, finalmente, la vestimenta impermeable y elaborada en lona de caucho (1837). Este sistema inspiraría las posteriores escafandras. A Siebe se le atribuye el invento de la escafandra moderna, tal como la conocemos hoy, y que puede contemplarse en muchos museos como digno homenaje a las proezas del buceo arqueológico clásico y de otros trabajos en medios marinos. Pero aunque este modelo fue diseñado en 1818, no fue hasta 1862 cuando el francés Joseph-Martin Cabirol creó un primer ejemplo de traje práctico. Maniobrar y llevar puesto este tipo de escafandra era toda una proeza debido a su peso exorbitado (podía pesar hasta 90 kilos) y la dificultad de movimientos a determinadas profundidades, tal como se aprecia en el largometraje documental *El mundo del silencio* (*Le monde du silence*), codirigido por el científico submarino Jacques-Yves Cousteau y por Louis Malle en 1956.

Benoît Rouquayrol y Auguste Denayrouze perfeccionaron el sistema añadiendo un depósito de aire que funcionaba a modo de acumulador para poder respirar en el caso de que por accidente se cortara el suministro directo. Ambos han sido considerados los inventores del regulador, antecedente del regulador moderno, aparato que permite reducir la alta presión de la botella de buceo. Otros ingenieros continuaron su perfeccionamiento, como Sieur Toubolic (1808) o Pierre Aimable de Saint Simon Sicard (1849).

Existe una patente española del traje de buzo (con número 57603) que fue concedida en 1914 al estadounidense Ernest Niehoff, de Roanoke (Virginia). En ella, el inventor pretendía introducir una serie de mejoras en las escafandras a fin de que los buzos operasen a grandes profundidades, utilizando para ello solo una pequeña presión de aire y un traje con triple revestimiento: una capa interior de metal perforado y una capa intermedia hecha con algún tipo de material impermeabilizado, de forma que sea más flexible en la parte del cuerpo del buceador pero rígido en la zona de la cabeza, a modo de casco. Por último, tendría una tercera capa exterior, también flexible, inflable y resistente al agua y al aire. El equipo llevaría tres tubos con sus válvulas correspondientes con objeto de regular la entrada de aire a presión y su salida para impedir que el agua se introdujera en el traje. Este modelo también desarrolló una válvula obturadora para permitir el escape del exceso de presión del aire dentro del revestimiento inflable. Es un sistema realmente moderno e inspirador para los trajes de buceo que serían desarrollados posteriormente. Este tipo de escafandra fue el origen del conjunto de depósito de aire y válvula que debía ser transportado por el buzo a su espalda.

Hacia 1943, Émile Gagnan y Jacques-Yves Cousteau llevaron a cabo un sistema de buceo basado en el desarrollo de las botellas de aire comprimido con un regulador de presión variable y gracias al cual se impulsó el progreso de la arqueología subacuática. El diseño fue conocido como Aqua-Lung o Aqualung, primer aparato autónomo de respiración subacuática (o buceo) de circuito abierto. Esta clase de equipo ahora se conoce comúnmente como regulador bitráquea (o de manguera doble). Su invención revolucionó el buceo autónomo al proporcionar un sistema compacto y confiable capaz de un mayor rango de profundidad y resistencia que sus precursores. También fue un factor importante que influyó en la aparición del buceo recreativo después de la Segunda Guerra Mundial.

El regulador de manguera doble es la base de todos los reguladores de buceo modernos, componente principal de la escafandra autónoma, equipo que permite a los buceadores respirar bajo el agua. Es autónoma porque incluye una reserva de gases respirables que permite la independencia del buzo de la superficie durante un tiempo determinado, que siempre depende de la profundidad alcanzada en un momento concreto, pero también de la capacidad de cada persona en el uso y administración del aire de su botella de aire comprimido. Esta circunstancia es muy importante durante las sesiones de trabajo subacuático, ya que regirá el tiempo que el arqueólogo-buzo puede permanecer sumergido en el yacimiento para realizar su trabajo.

El equipo autónomo, a diferencia de las escafandras tradicionales, permite avanzar mejor bajo el agua facilitando el desplazamiento horizontal o en cualquier dirección, siempre y cuando se respeten aquellas cuestiones relacionadas con la seguridad, como la velocidad de ascenso o cualquier otra circunstancia que pueda amenazar la salud del buceador. Uno de los problemas relacionados con el binomio tiempo/profundidad bajo el agua es la enfermedad por descompresión, cuyos síntomas, dependiendo de la profundidad, varían entre hormigueo, dolor en brazos y piernas, parálisis, dolor de cabeza, vértigos, dificultad para respirar y fatiga o cansancio. Tales síntomas suelen aparecer un par de horas después de la inmersión o en las últimas etapas del ascenso en casos graves y requieren tratamiento especializado. La Confederación Mundial de Actividades Subacuáticas (CMAS) recomienda respetar una serie de aspectos con el propósito de evitar contratiempos derivados de la descompresión incorrecta o un mal uso del equipo autónomo.

El regulador y la botella son los componentes indispensables del equipo o escafandra autónoma (los buceadores solemos llamarla solo equipo), pero la práctica del buceo requiere también la complementariedad de otros elementos como la máscara, las aletas, los escarpines, el traje, el BCD (chaleco estabilizador que puede ser un *jacket* o un ala) y el cinturón de lastre. El empleo en conjunto de estas piezas no es imprescindible, pero el regulador de buceo sí lo es, pues es la pieza básica de la que depende la vida del buceador bajo el agua. Su mantenimiento y puesta a punto es esencial siempre y debe ser comprobado antes de cada inmersión. El regulador está acoplado a una reserva de gases respirables alojados en una botella de aire, no una bombona como se la ha llamado a veces. Nosotros los llamamos regulador y botella. Los componentes del regulador constan de una primera etapa (conectada a la botella de aire), una segunda (que se coloca en la boca del buceador y es con la que se respira) y luego se dispone de un *octopus* o segunda etapa alternativa, siempre necesaria por cuestiones de seguridad. Es de color amarillo para que sea más visible y en alguna ocasión es necesario cederla a un compañero o compañera que se encuentra en dificultades y así poder iniciar un ascenso controlado compartiendo la misma botella de aire. El regulador posee una serie de latiguillos para conectar con los componentes del *jacket* o ala de buceo.

El manómetro es imprescindible también para la seguridad del buceador, pues señala la cantidad de aire restante, es un instrumento de control. Además, el buzo debería portar también otras herramientas que faciliten su maniobra y seguridad bajo el agua, como un ordenador de buceo, un profundímetro o una brújula. Estas herramientas pueden ayudar a calcular el tiempo de permanencia bajo el agua y la consecuente etapa de descompresión, las fases de ascenso, una vez terminada la inmersión, los periodos de espera a media subida, dependiendo de la profundidad y el tiempo de inmersión. Siempre hay que recordar que subir muy deprisa a la superficie puede acarrear terribles consecuencias. Un ascenso rápido y no controlado puede producir una liberación rápida de gases creando una sobresaturación y una formación de peligrosas burbujas en el organismo, que pueden obstruir los vasos sanguíneos impidiendo la circulación en determinadas zonas del cuerpo y produciendo problemas cerebrales, cardíacos, respiratorios y, en última instancia, el fallecimiento del buceador.

CAPÍTULO 3

El desarrollo de la arqueología marítima y subacuática

Trabajando bajo el mar

La arqueología en cuerpos de agua es una ciencia y no solo un conjunto de técnicas. La especialidad subacuática y marítima de la arqueología moderna también está muy relacionada con el modo en que entendemos los conceptos que aplicamos a nuestros análisis. El principio más importante es poder entender y crear un marco teórico y metodológico adecuado para poder estudiar los restos arqueológicos sin destrucción, con la mínima intrusión posible y conocer más sobre la historia relacionada con el mar analizando los vestigios sumergidos y establecer preguntas adecuadas de investigación. El trabajo en el mar requiere organizar las operaciones de buceo al ritmo de las mareas o del estado del mar y establecer un rígido protocolo de seguridad y de prevención de riesgos laborales. El conocimiento y control del equipo autónomo es fundamental para poder llevar a cabo esta arqueología sumergida. La arqueología subacuática se ha confundido tradicionalmente como la búsqueda de tesoros, una especie de aventura excitante como la de los grandes descubrimientos, igualables a la idea del hallazgo de la tumba de Tutankamón, pero bajo el mar. Sin embargo, en sus comienzos, esta arqueología atravesó una fase especulativa en la que se dio más valor al hallazgo, al "tesoro" encontrado, que al diseño de las técnicas más adecuadas al estudio de cada yacimiento submarino.

Una considerable y loable labor de concienciación social está cambiando esta perspectiva. Puede decirse que el desarrollo de la arqueología marítima y subacuática, como ciencia y disciplina con una fuerte base teórica y metodológica, va pareja a la arqueología terrestre. Esta teoría también integra visiones ecológicas, como la teoría del antropólogo Julian Steward (1902-1972) interesado en entender el cambio cultural, pero incluyendo la idea de que las culturas no solo interaccionan entre sí, sino también con el medioambiente, asunciones primarias que ha influido en la elaboración de una teoría de los paisajes marítimos. En el caso marítimo, esto es razón de más a la hora de establecer una metodología de excavación científica. Durante los primeros tiempos de su desarrollo el arqueólogo no llegaba a sumergirse y se quedaba en la superficie, en el barco o en el laboratorio, dejando a los buceadores profesionales que recogieran objetos y artefactos del fondo marino y conducirlo a las manos del científico arqueólogo profesional. Esta circunstancia ya fue desde el principio un problema que ponía en evidencia que para una correcta compresión del yacimiento el arqueólogo debía estar siempre también a pie de excavación, tal como se hace en la arqueología de tierra. No obstante, algunas de estas, por así llamarlas, excavaciones arqueológicas subacuáticas primitivas destacaron la riqueza del patrimonio histórico existente bajo la cota cero y la imperiosa necesidad de establecer criterios científicos para su estudio.

En el año 1900, unos pescadores de esponjas de la isla de Antikythera (Creta) hallaron estatuas de mármol y bronce bajo el agua, que luego se comprobó que pertenecían al periodo de la Grecia clásica. Junto a estos hallazgos se encontró el denominado mecanismo o reloj de Antikythera o Anticitera, un artilugio que aún hoy es objeto de investigación por parte de arqueólogos e historiadores. Fue por primera vez en la historia que las autoridades locales impulsaron una operación de buceo para recuperar aquellas valiosas piezas entre 1908 y 1913. En las décadas de 1920 y 1930 se siguieron llevando a cabo algunas recuperaciones de artefactos e incluso de barcos bajo el agua, como los conocidos barcos del emperador Calígula en el lago Nemi, cerca de Roma. El arqueólogo y misionero francés Antoine Poidebard (1878-1955), quien fuera director del Museo de Prehistoria de Líbano, llevó también a cabo una investigación en el puerto de Tiro (Líbano). Poidebard desarrolló una planificación de fotografía aérea de la zona costera y portuaria con el fin de detectar estructuras bajo el agua, un método que, aunque innovador, con las bases tecnológicas de aquella época, solo era factible si el mar estaba suficientemente calmado y transparente. No obstante, puede ser definido como un pionero de la fotografía aérea moderna empleada para la arqueología subacuática o terrestre.

Generalmente, desde el comienzo de estas actividades se puso en evidencia la necesidad de organizar excavaciones subacuáticas bien fundadas supervisadas por arqueólogos. La ausencia de profesionales de la arqueología y los intentos llevados a cabo solo por buceadores, sin ningún conocimiento científico y sin formación, solo daba como resultado proyectos abortados o interpretaciones incorrectas de los hallazgos, además de producir un deterioro del yacimiento, tal como ha sucedido en algunos casos y que, lamentablemente, aún sucede en la actualidad. Hay algunos casos históricos memorables que subrayan este problema. El hallazgo en la costa de Marsella de lo que luego se llamó yacimiento Grand Congloué fue objeto de una gran controversia en la década de 1950 por el descubrimiento de varios pecios relacionados con diferentes cronologías históricas.

Entre 1952 y 1957, Jacques-Yves Cousteau y Fernand Benoît organizaron una intervención arqueológica con el uso del equipo Aqualung. El equipo autónomo permitió el acceso al yacimiento de los buceadores, pero el arqueólogo no llegó a sumergirse por lo que posteriormente hubo muchos problemas a la hora de explicar la razón y disposición de los artefactos recuperados del fondo. Los artefactos deben ser siempre examinados en el mismo yacimiento cumplimentando un registro estricto de su disposición y es el arqueólogo quien debe analizar esto de acuerdo a su formación científica y su conocimiento.

El uso del equipo autónomo, tal como lo conocemos hoy en día, permite al arqueólogo-buceador sumergirse en los yacimientos arqueológicos que se encuentran bajo el mar a distintas cotas de profundidad. El desarrollo del Aqualung (hacia 1943) por Cousteau abrió un mundo anteriormente cerrado y contribuyó al interés por el estudio de las civilizaciones marítimas. En realidad, el equipo autónomo tiene un límite, aunque existen récords extraordinarios, como el caso de buceo SCUBA más profundo, realizado por Ahmed Gabr en el mar Rojo, a 332 metros. Estos son casos excepcionales y requieren entrenamientos especiales para el buceador que generalmente no son aplicados en arqueología subacuática.

El buceo habitual suele variar entre los 18 y los 40 metros, dependiendo de la formación del buceador y las leyes nacionales. En el buceo recreativo la profundidad máxima cambia según la escuela y la certificadora. En la PADI (Asociación Profesional de Instructores de Buceo), la profundidad máxima autorizada suele ser de 40 metros. En las federaciones nacionales que constituyen la CMAS (Confederación Mundial de Actividades Subacuáticas), la profundidad máxima autorizada es de 60 o 65 metros cuando se bucea con aire comprimido. Las federaciones nacionales de cada país permiten, según la experiencia y formación del buceador, bajar a determinada profundidad y casi siempre en compañía de un monitor o instructor de buceo, también llamado *dive master*. Por debajo de los 15 metros o más puede haber problemas derivados de la descompresión. Se puede hacer un buceo profundo con nitrox, una mezcla natural de oxígeno y nitrógeno diferente a la del aire atmosférico (79% nitrógeno y 21% oxígeno), para evitar el comportamiento tóxico del nitrógeno en buceo profundo.

Modelos comparados y casos de estudio

Bajo el mar hemos encontrado yacimientos arqueológicos a distintas profundidades, entre los 4 a 10 metros del pecio

Ribadeo I, un buque de guerra español hundido en 1597 en Galicia, a la profundidad de los pecios Mortella II (38 metros) y Mortella III (48 metros), ambos navíos hundidos en la bahía de Saint Florent, en Córcega, los cuales son importantes restos materiales de la construcción naval histórica. Pero existen yacimientos a diversas profundidades, al alcance del arqueólogo que trabaja con equipo autónomo. Hasta el momento, la excavación arqueológica que se ha realizado a mayor profundidad por parte de arqueólogos buceadores ha sido en el yacimiento Xlendi Bay Shipwreck, en Gozo (Malta), a 110 metros de profundidad. Se trata de un pecio descubierto en el año 2007 identificado como un barco fenicio datado hacia el siglo VII a. C. Se llevó a cabo un excelente trabajo científico para el análisis de los contenidos, objetos de piedra y cerámica que ofrecieron mucha información sobre la historia económica y las redes comerciales del Mediterráneo central durante el periodo Arcaico. Pero aparte del estudio arqueológico, este trabajo de investigación fue un auténtico reto por aplicar una metodología científica a una profundidad que no es habitual con equipo autónomo en yacimientos sumergidos.

El desafío del arqueólogo subacuático fue adaptar su trabajo al entorno marítimo. Hay muchos problemas relacionados con el océano en términos de temperatura, fuertes corrientes e incluso animales marinos que tienen su hábitat cerca de yacimientos. Pero quizás el reto más interesante, y a la vez peligroso, es la profundidad. Para el ser humano es imposible permanecer tiempos prolongados en las profundidades sin tener problemas de descompresión. De acuerdo a las tablas de buceo (una referencia que se utiliza en el buceo para determinar el tiempo que tiene que durar la parada de seguridad) y el uso correcto del ordenador de buceo, un buzo no puede estar sumergido a 30 metros de profundidad por más de 15 minutos. Si está sumergido durante una hora, debería parar durante 15 minutos a una profundidad de seis metros y así sucesivamente. Conocer estos tiempos es fundamental en cuestiones de seguridad en el buceo.

Como disciplina científica, la arqueología subacuática ha evolucionado desde los clásicos "campos de ánforas" y la simple recolección de objetos del fondo marino. Las ánforas, unos recipientes altos y estrechos, de cuello largo, con dos asas y terminados en punta, eran un medio usado en la Antigüedad clásica para el transporte de diversas mercancías. La localización de estos "campos de ánforas" ha estado relacionada con la localización de un yacimiento potencial al transportarse estas en diferentes tipos de embarcaciones. Estos hallazgos están históricamente relacionados con el desarrollo de la arqueología subacuática científica, sobre todo desde la década de 1960, cuando se intensifican los estudios sobre estructuras de embarcaciones pequeñas y medianas. Así, se fue esgrimiendo una ciencia que calificaba la intervención subacuática como un proceso complejo de exploración, investigación de archivo y métodos de identificación de yacimientos antes de proceder al establecimiento de una metodología dependiendo de la naturaleza de cada sitio arqueológico.

Empero, el estudio de yacimientos relacionados con el mar también conoció importantes aportaciones en tierra. Entre 1937 y 1939 se llevó a cabo la excavación del yacimiento de Sutton Hoo, en el que se descubrieron los restos del mayor barco funerario encontrado, hasta el momento, en Europa. Datado hacia los siglos VI y VII, durante la época anglosajona, la mayor parte de sus restos materiales se encuentran depositados en el Museo Británico. En 1950, en un fiordo de Dinamarca, Roskilde, se localizaron los restos de varios barcos vikingos, actualmente depositados en el museo de barcos vikingos, Vikingeskibsmuseet, fundado para albergar los barcos excavados en 1962. Se trataba de barcos militares y comerciales, como el Skudelev II, identificado y datado como construido en Dublín hacia el año 1042. Este museo no solo hospeda los restos arqueológicos materiales, sino que también protege y divulga la memoria histórica intangible del conocimiento de la construcción naval vikinga.

Estos y otros estudios han sido posibles gracias al avance de la arqueología subacuática, que conoció un espectacular progreso científico gracias a pioneros como George Bass, Honor Frost, Pilar Luna Erreguerena o Colin Martin. En 1960 el profesor norteamericano George Bass realizó en el cabo Gelidonia, en Turquía, la primera excavación arqueológica subacuática propiamente dicha con un equipo de arqueólogos. George Bass está considerado el padre de la arqueología subacuática científica moderna y uno de los mayores exponentes en la materia. Con el fin de trabajar adecuadamente, Bass, arqueólogo profesional, recibió clases de buceo en Filadelfia y posteriormente llevó a cabo proyectos de excavación sobre pecios de la Edad del Bronce, sobre el periodo clásico griego y sobre el periodo bizantino.

Bass fundó el Institute of Nautical Archaeology (INA), en la Universidad de Texas A & M, donde desde 1976 ocupaba la cátedra George T. & Gladys H. Abell Chair en Arqueología Náutica. Su obra ha dejado un importante legado a la disciplina adaptando las técnicas tradicionales de prospección arqueológica terrestre al lecho marino y contribuyendo a diversos avances tecnológicos. Fue pionero en desarrollar una especie de cabina telefónica submarina desde la que los buzos podían comunicarse con la superficie. Asimismo, aplicó la fotogrametría 3D para mapear los yacimientos y estandarizó el uso del sónar de barrido lateral para localizar restos de naufragios. Pero también Bass contribuyó a crear una conciencia de protección sobre este frágil patrimonio histórico alertando de las amenazas de las intervenciones no reguladas y el acoso de los cazatesoros. Aparte de sus actividades como arqueólogo-buceador, contribuyó a la arqueología subacuática (*deep archaeology*) cuando en 1967 empleó el Asherah, primer sumergible de investigación construido en Estados Unidos para examinar y fotografiar naufragios. Otros países pioneros de la arqueología subacuática fueron Francia e Italia. En Italia, en 1965 se desarrolló un buque para realizar trabajos arqueológicos en el mar, donde se llevaron a cabo excavaciones subacuáticas en la década de 1970.

En el Mediterráneo, crisol de culturas marítimas antiguas, estas excavaciones aumentaron a medida que se iban generalizando unos mayores conocimientos de los paisajes marítimos y se daban a conocer historias escritas u orales por parte de agentes sociales conocedores de estos entornos. La arqueología subacuática conoció un extraordinario desarrollo en técnicas aplicadas a yacimientos de barcos de la Antigüedad. Otro de los pioneros de esa época fue Nino Lamboglia, a quien está dedicado el Museo Navale que lleva su nombre, en la isla La Magdalena (Cerdeña). Lamboglia dirigió la excavación de la nave romana de Albenga (1950) y fundó el Centro Experimental de Arqueología Subacuática, decisivo para el avance de la arqueología marítima en Italia. Esta excavación fue la primera de un barco de carga romano descubierto en el mar Tirreno, donde se recuperó la estructura de la nave, datada en el siglo I a. C., y un cargamento de ánforas.

La también pionera Honor Frost dirigió muchas investigaciones en el Mediterráneo, especialmente en Líbano, donde participó en excavaciones en los antiguos puertos de Biblos, Sidón y Tiro. Sus investigaciones sobre las anclas de piedra y su papel a la hora de identificar barcos hundidos y patrones de comercio han sido fundamentales en la metodología de la arqueología portuaria subacuática actual. En las décadas de 1950 y 1960, Frost dirigió diversas excavaciones científicas, algunas de ellas bajo la supervisión de la Unesco. En 1971 dirigió la excavación del pecio fenicio-púnico de Marsala, en Sicilia, algunos de cuyos restos se exponen en el Museo Arqueológico Regional Lilibeo de la isla, siendo un referente en el estudio de barcos de guerra de la Antigüedad. Pero, además, el estudio de este pecio supone un caso de estudio fundamental para comprender los procesos de excavación, recuperación, conservación y reconstrucción, innatos a las fases de la arqueología profesional subacuática, con especial mención de la conservación digital de datos e imágenes que permiten exposiciones virtuales del yacimiento. A su fallecimiento, en 2010, Frost fundó la Honor Frost Foundation, con sede en la British Academy, en Londres, una organización sin ánimo de lucro para la promoción de la arqueología subacuática profesional.

Francia es un país de referencia mundial en la arqueología subacuática, gracias a la fundación del DRASSM (Département des Recherches Archéologiques Subaquatiques et Sous-Marines) por André Malraux en 1966. Es una institución dependiente de la Dirección General de Patrimonio del

Ministerio de Cultura y Comunicación francés. Considerado como el primer organismo que realizó investigaciones arqueológicas subacuáticas, su objetivo es el estudio científico y profesional del patrimonio arqueológico, así como su defensa frente a saqueadores y cazatesoros. Patrice Pomey, director del DRASSM entre 1984 y 1991, y redactor de la importante colección Archaeonautica, fue uno de los más importantes innovadores metodológicos en el estudio de barcos sumergidos y su interpretación histórico-arqueológica, cuyos conocimientos permanecen reflejados en una abundante obra científica. Fue también uno de los promotores de los encuentros internacionales, International Symposium on Boat and Ship Archaeology, que aún hoy se celebran y que convocan a especialistas de todo el mundo en arqueología subacuática profesional.

La arqueología subacuática en Portugal es también relativamente reciente; durante la década de 1990 es cuando se producen algunas excavaciones arqueológicas de importancia. Entre estas intervenciones destacan el yacimiento del naufragio de la ría de Aveiro en 1994; los restos del navío de Cais do Sodré, en 1995, localizado durante las obras del metropolitano de Lisboa, y los yacimientos del Angra, encontrados en 1997 durante los trabajos de prospección arqueológica previos a la construcción de la marina de Angra do Heroísmo, en Terceira (Azores). Uno de los estudios histórico-arqueológicos ejemplares es el del barco Nossa Senhora dos Mártires, conocido como el *pepper wreck*, el barco de la pimienta. Barco mercante hundido en 1606 a la entrada del río Tajo, el Nossa Senhora dos Mártires es un caso de estudio fundamental para el conocimiento del barco ibérico (en este caso una nao) en sus aspectos constructivos. Fue excavado entre 1996 y 2001, siendo uno de los pocos barcos de la expansión de la Carrera da India portuguesa, junto con el Bom Jesus, en Oranjemund (Namibia), que no han sido expoliados por cazatesoros. Sus restos fueron identificados como una nao construida en la Ribeira das Naus, astillero real de Lisboa, de donde zarpó hacia 1605.

La propia evolución de estas pioneras intervenciones ha aportado experiencia a los arqueólogos subacuáticos que han perfeccionado las técnicas hasta hoy. La arqueología de época antigua está bastante desarrollada y, junto con la revelación de evidencias históricas sobre viajes marítimos, el descubrimiento de nuevas rutas en el mundo antiguo, así como el análisis de la creación de cartografía y portulanos, los estudios de yacimientos sumergidos han podido completar las visiones que actualmente tenemos de hechos como las exploraciones fenicias de las costas africanas, o el viaje del rey de Egipto Necho, quien circunnavegó África desde el mar Rojo, y tantas otras historias de la memoria intangible. Otros casos, como, por ejemplo, el estudio del pecio Kyrenia son una de las evidencias arqueológicas más antiguas sobre el tráfico comercial en el mar Egeo. Excavado en 1986, en este yacimiento se aplicó una técnica cuidadosamente elaborada de mapeo y fotografía de artefactos y del propio sitio. Antes de excavar nada, todos los objetos fueron etiquetados y las maderas convenientemente trazadas antes de su extracción, y colocadas en tanques de agua fresca. El arqueólogo Richard Steffy procedió al estudio de 5000 piezas de madera en agua, su tratamiento y reconstrucción.

Es cierto que el estudio de yacimientos arqueológicos sumergidos ha aportado interesantes hitos, sobre todo en lo que se refiere a la prehistoria, las épocas antigua, fenicia, vikinga y romana, principalmente, y también de época medieval. En relación con el periodo histórico anterior a los siglos XIV y XV, en España contamos con algunos casos muy importantes, estudiados en un marco científico-técnico adecuado. El yacimiento del pecio Bou Ferrer y los barcos fenicios de Mazarrón son referentes internacionales. El pecio Bou Ferrer está considerado un ejemplo de buenas prácticas arqueológicas en connivencia con la Convención de la Unesco para la protección del patrimonio sumergido. Este yacimiento se corresponde con un pecio romano del siglo I d. C., datado entre los años 64 y 68, que yace a unos 25 metros de profundidad frente a la costa de Villajoyosa (Alicante). Este yacimiento ha sido objeto de una cuidadosa y perfectamente planificada excavación arqueológica desde su descubrimiento accidental por unos buceadores de la zona en 1999.

Los yacimientos correspondientes con embarcaciones posteriores al siglo XV tienen dos referentes importantes tanto por su importancia histórica como por los magníficos proyectos de musealización que los han inmortalizado. El Vasa, o Wasa, un barco de guerra de la Armada del rey Gustavo Adolfo II de Suecia, hundido en 1628 y rescatado del lecho marino en 1961, ya había sido objeto de diversas operaciones de salvamento desde la propia época del hundimiento. El Vasa, con sus bellas tallas de la popa del navío, era una auténtica obra de arte además de una proeza de la ingeniería naval de la época y una máquina de guerra descomunal.

Constituye un barco real, en buen estado de conservación, gracias a la creación de un museo en la ciudad sueca de Estocolmo donde puede ser visitado. Con casi 1200 toneladas de peso, 69 metros de eslora y casi 12 metros de manga, es un gigante de su época. Sus características y el análisis de sus estructuras han permitido conocer mejor la arquitectura naval de su época, la significancia ideológica de estas construcciones en madera (en este caso el roble) y la agencia de los constructores de barcos en una época en la que estos viajaban con sus conocimientos y herramientas, de astillero en astillero y de puerto en puerto. El Vasa, de hecho, fue construido por constructores navales holandeses al servicio de la Marina sueca. El hundimiento del Vasa fue consecuencia de una serie de desafortunados acontecimientos que podían ser habituales en las operaciones portuarias y al comienzo de las singladuras.

Un hecho similar, aunque en un contexto de guerra, fue lo que le sucedió al barco tipo nao, o carraca, de la Armada de guerra inglesa Mary Rose, hundido en julio de 1541. El Mary Rose es la única nave del siglo XVI que ha sido rescatada del mar y musealizada en los astilleros de la ciudad de Portsmouth (Reino Unido). En este museo se puede contemplar la estructura de la parte derecha del barco, así como una gran cantidad de artefactos y objetos. Comparado con el Vasa y otros barcos de su época, el Mary Rose era pequeño, pues desplazaba entre 500 y 700 toneladas con una eslora de 32 metros. Gracias a este salvamento y a su conservación, la construcción de este tipo de barcos de guerra ha sido ampliamente estudiada, aunque aún falta por completar muchas lagunas científico-técnicas que permitan saber más sobre la evolución de la arquitectura naval y sus tipologías.

De forma complementaria al estudio de las estructuras es fundamental el análisis de las maderas que constituyeron estas embarcaciones históricas. En este marco, el estudio de las maderas del yacimiento del conocido como Newport Ship es un modelo a seguir en la actualidad para el estudio y la reconstrucción de las piezas de un barco. Se trata, en esta ocasión, de un barco mercante medieval del siglo XV localizado en 2002 en la ciudad galesa de Newport durante una obra civil. El yacimiento fue objeto de una excavación y todas las piezas de madera fueron sometidas a un largo proceso de conservación a la espera de poder realizarse una reconstrucción del barco y su musealización. El barco medía algo más de 30 metros de eslora, tenía unas 200 toneladas de carga y tres mástiles.

El análisis de sus artefactos y la datación de la madera a través del estudio dendrocronológico de los anillos de los árboles han permitido conocer las rutas comerciales que pudo seguir entre la península ibérica e Inglaterra (Lisboa-Bristol), así como la fecha de su construcción hacia 1469. El Newport Ship fue un barco construido en el sistema conocido como *clinker*, o tingladillo, caracterizado por la superposición de tablones. Fue un sistema desarrollado por los vikingos que se siguió practicando en el norte de Europa y en el norte de la península ibérica hasta entrado el Renacimiento. Las maderas del Newport Ship están depositadas en una nave industrial en Newport bajo la supervisión de su conservador, Toby Jones.

En España se han llevado a cabo proyectos de excavación arqueológica subacuática, aunque, en algunas ocasiones, los informes que se debieron realizar sobre las intervenciones en pecios no han tenido la divulgación científica que se merecen. El arqueólogo Xavier Nieto apuntaba que la arqueología subacuática llevaba un retraso de, prácticamente, 30 años con respecto a otros países europeos (Nieto, 1999). Sin embargo, hay que señalar que se han producido interesantes avances desde 1982, cuando se celebró en Cartagena el VI Congreso Internacional de Arqueología Subacuática, cuando aún el actual ARCQUA era el Centro y Museo de Investigaciones Arqueológicas Subacuáticas, dependiente del Ministerio de Cultura.

Este y otros pioneros encuentros reivindicaron el valor de los muchos objetivos posibles para la arqueología subacuática en España. Antes de esa década se realizaron algunas actuaciones, pero solo reducidas a la recuperación de objetos de interés. Aunque estas intervenciones no se llevaban a cabo con un método propiamente arqueológico, sumado a que las técnicas de buceo no permitían más, fueron determinantes a la hora de valorar el enorme potencial del patrimonio sumergido en diversas regiones. En la década de 1970 se realizaron trabajos en el pecio de Los Santos, conocido como La Perla, un barco de época moderna descubierto cerca de Benalmádena y que fue excavado por Eduardo Ripoll. Posteriormente, se han llevado a cabo otras intervenciones que han intentado identificar el barco, quizás un bergantín inglés hundido hacia 1855.

En la década de 1980 se realizaron las primeras excavaciones en extensión de un pecio en Andalucía, costa muy afectada por los naufragios históricos, en especial durante la era de la Carrera de Indias. Las primeras prospecciones se desarrollaron en Cádiz, Málaga y Almería. En Cádiz se realizó el Proyecto de Prospección y Valoración del Patrimonio Cultural Sumergido en el golfo de Cádiz (1984-1985), el Proyecto Galeón (1988-1990) y, posteriormente, el Proyecto General de Investigación de la Bahía de Cádiz (1992-1998). En general, Cádiz es incluso una provincia pionera en lo que respecta a los trabajos de control de dragados desde 1982, dada la importancia de la actividad naval y marítima histórica de sus costas, desembocaduras de sus ríos y caños, puertos y canales de paso.

Los proyectos de arqueología científica aplicada a contextos de agua se han incrementado desde la década de 1990. En gran medida esto ha derivado de un contexto favorecido por la creación de los centros de arqueología subacuática en varias comunidades autónomas en España. Aparte del Museo y Centro de Arqueología Subacuática en Murcia, el actual ARQVA, centros como el de Arqueología Subacuática de Andalucía, el de Cataluña o el de Comunidad Valenciana han dado un decisivo empuje no solo a la protección del patrimonio y su catalogación y potencial identificación gracias a la creación de cartas arqueológicos subacuáticas, sino también a la aplicación de una metodología arqueológica científica. En 1997 se creó el Centro de Arqueología Subacuática de Andalucía (CAS-IAPH), impulsado desde la Consejería de Cultura, dependiente del Instituto Andaluz del Patrimonio Histórico, encargado de tutelar y estudiar el patrimonio histórico sumergido en Andalucía. Este organismo elaboró una carta de Riesgo Antrópico del Litoral Andaluz y llevó a cabo algunos programas de investigación preventiva, entre los que se encontraban el Proyecto Trafalgar. El Proyecto Tarifa estuvo también orientado a una prospección geofísica para la identificación y protección de restos arqueológicos y analizar la dinámica del litoral para aplicar modelos de conservación preventiva. Se creó, asimismo, una categoría administrativa con el nombre de zona arqueológica de la plataforma marítima y áreas inundadas de Andalucía.

El caso de Cataluña es también un importante exponente de este patrimonio y de las buenas prácticas para el desarrollo de una arqueología subacuática profesional. Uno de los ejemplos de estas prácticas es la intervención del yacimiento del pecio Barceloneta I. Se trata de un pecio medieval, un ejemplo de barco construido a tingladillo, localizado en el área de Port Vell de Barcelona, un puerto con un muelle construido en 1477. Descubierto en mayo de 2008, fue intervenido gracias a un proyecto del Servei d'Arqueologia de Museu d'Història de Barcelona y el Centre d'Arqueologia Subaquàtica de Catalunya (CASC). Aparte de otros hallazgos arqueológicos que aportan conocimientos sobre la evolución de la fachada marítima de Barcelona, este yacimiento también contribuyó mucho al conocimiento de la construcción naval bajomedieval. Se analizó la disposición de la madera en conexión de las tracas del forro a tingladillo, unidas mediante clavos de hierro.

La elaboración de bases de datos y cartas arqueológicas ha supuesto un avance en la identificación de zonas potencialmente arqueológicas alrededor de la geografía española. También, conociendo la historia, podemos describir una serie de "zonas calientes", una auténtica geografía de la localización del rico patrimonio marítimo y sumergido español que va más allá de las propias costas peninsulares de España. Estas áreas geográficas están relacionadas, principalmente, con la franja situada alrededor de las rutas marítimas y vías de paso y escala para los barcos y flotas a lo largo de las rutas oceánicas por las que los distintos sistemas de navegación español se extendieron a partir del siglo XVI. En la península ibérica, este paisaje marítimo relacionaba diversas áreas por toda la fachada costera.

Actualmente contamos con varias cartas arqueológicas subacuáticas de todas las áreas marítimas vinculadas en las cuales se recogen datos importantes sobre diversos yacimientos arqueológicos. Entre 1985 y 1987 se puso en marcha, por el Ministerio de Cultura, el Plan Nacional de Documentación del Litoral Español (PNDLD) con objeto de organizar las correspondientes cartas arqueológicas, que se desarrollaron en Cataluña, la costa mediterránea y Andalucía. También existen otras bases de datos con importante información, aunque no con criterios unificados. Se pretende un modelo integrado y unificado, aunque por el momento todos los esfuerzos son aislados.

En el Centro de Arqueología Subacuática de Cádiz (CAS-IAPH) se guarda el SIGNauta, que integrado en la base de datos DOCUSUB aplica las tecnologías de la información geográfica para cubrir objetivos relacionados con la comprobación de requisitos necesarios para el registro de datos referentes a los yacimientos, localizar fuentes de datos potenciales, relacionar las variables históricas con las ambientales, producir mapas de localización y potencialidad de preservación de yacimientos subacuáticos y de zonas potenciales de riesgo, y producir modelos digitales de profundidad para los últimos tres siglos a partir de cartografías históricas mediante técnicas instrumentales. Andalucía ha sido un centro pionero en la informatización de los yacimientos arqueológicos gracias a la colaboración de diversas instituciones, como el Instituto Andaluz del Patrimonio Histórico (IAPH) y el Servicio de Protección de la Dirección General de Bienes Culturales (DGBBCC). Esta herramienta integra información histórica documental relacionada de forma geolocalizada con los sitios arqueológicos.

CAPÍTULO 4

Métodos y buenas prácticas

Desde el comienzo de una excavación arqueológica subacuática, lo importante es poder hacer una intervención basada en una metodología científica y sin amenaza de destrucción del sitio arqueológico por el uso de materiales inadecuados como dragas u otras máquinas. Tal metodología científica implica una arqueología en toda regla y no una mera recuperación de objetos del fondo del mar. La operación también debe integrar la formación de equipos profesionales, con estudios y formación arqueológica, y no solo como simples buzos. Es cierto que el arqueólogo buceador debe tener también una cierta formación como buzo científico.

En España, el buceo científico en yacimientos arqueológicos queda sistematizado por el Real Decreto 550/2020, de 2 de junio. En esta normativa se define el buceo científico como "aquel que tiene como fin la realización de estudios o proyectos vinculados a una actividad de investigación científica y se lleve a cabo exclusivamente con ese carácter mediante un permiso de la Administración pública competente para la investigación de que se trate"[2]. Se aplica a las inmersiones que no superen los 40 metros de profundidad, en las que no se realice descompresión programada y se tenga

---

2. Véase https://lc.cx/S36qJH.

acceso directo a la superficie. En caso contrario, se aplicarían las normativas del buceo profesional. Aparte del conocimiento de las técnicas de buceo, es obvio que el profesional de la arqueología subacuática, así como todos los expertos que intervienen en una excavación, deberían tener una base de estudios adecuados con el objetivo de saber cómo organizar la excavación de acuerdo a los estándares científicos y académicos, y, lo que es también importante, establecer un proyecto real de investigación, no una simple recolección de artefactos, planteando las preguntas y problemas adecuados de acuerdo a una verdadera profesionalidad arqueológica, histórica y patrimonial.

En el caso del pecio, este constituye un documento histórico que debe excavarse con la misma metodología que un yacimiento terrestre y su intervención debe siempre estar justificada. Los barcos hundidos son reflejo de un paisaje sumergido, un fértil yacimiento arqueológico que produce muchas categorías de hallazgos que demandan, cada uno, un estudio especializado. El pecio también es producto de situaciones documentadas del pasado histórico sobre el que existen diferentes evidencias culturales. Se aplica aquí una teoría arqueológica que abarca la comprensión de los procesos posdeposicionales, es decir, la transformación posterior al evento que provoca el desecho una vez que se forma el contexto arqueológico. Esta comprensión implica conocer las causas naturales y humanas del proceso y calibrar sus efectos en la propia formación del sitio. El pecio, bajo el mar, presenta unos factores posdeposicionales como la sedimentación, corrientes, corrosión, crecimiento marino, alteraciones (*disturbances*) mecánicas debido a la acción del oleaje, etc., que influyen en las condiciones de los materiales depositados. Los estudios de corrosión podrían analizar las interacciones a largo plazo entre el ambiente marino y el estudio de naufragios. Sin acceso a estudios químicos, biológicos y electroquímicos previos a la alteración, no es fácil obtener información valiosa sobre la naturaleza del yacimiento y el modo en que las fuerzas del deterioro han actuado para dar lugar al estado actual del yacimiento arqueológico, especialmente en barcos que tienen elementos y estructuras de metales.

En ocasiones, y una vez obtenida toda la información histórica y arqueológica disponible, incluyendo información sobre el estado del yacimiento y el mar así como las posibilidades de la actuación con equipos de buceo, en su caso, puede suceder que haya que optar por una prospección o excavación de urgencia o simple extracción de material, siempre y cuando ello esté plenamente justificado y que la actuación de recuperación se lleve a cabo con rigor y seguridad y sea supervisada por un arqueólogo profesional. En el marco de las leyes internacionales sobre protección del patrimonio subacuático, se sistematizan unas normativas relacionadas con los distintos tipos de intervenciones arqueológicas determinadas.

En España, las leyes nacionales, como la del Patrimonio Histórico Español (PHE) de 1985, que se suma al cuerpo jurídico internacional sobre patrimonio, describen qué se entiende por cada tipología según el caso. El artículo 41 de la ley española de PHE define el concepto de prospección como una exploración superficial "o subacuática sin remoción del terreno" y añade "dirigidas al estudio, investigación o examen de datos". Es decir, esta idea de prospección es una exploración solo dirigida a un examen de datos localizados en el yacimiento, así como el estudio de la zona geográfica en orden a identificar otros posibles sitios o estructuras y objetos en conexión o sin ella. Implica una metodología mediante buceo puntual para la localización de restos. También se ha descrito la prospección como el "conjunto de trabajos encaminados al estudio de una zona geográfica amplia con el fin de localizar el mayor número posible de sitios arqueológicos mediante un reconocimiento superficial, realizando una clasificación cultural y evaluando su estado de conservación" (León Amores, 2003: 111).

Investigando bajo el agua: prospección, documentación, excavación

Las técnicas de excavación bajo el agua se han adaptado a periodos distintos de actividad marina desde la década de 1980, cuando las técnicas más desarrolladas de buceo permitieron el descubrimiento de un número creciente de restos sumergidos. No obstante, los arqueólogos-buceadores deben superar barreras del trabajo en el mar como la falta de visibilidad, las corrientes, la falta de comunicación con otros colegas o los conflictos con buscadores de tesoros o expoliadores de yacimientos. Actualmente existen unos manuales de buenas prácticas que se deben tener en cuenta a la hora de plantear una excavación subacuática desde sus inicios hasta la publicación y puesta en valor de resultados. Existe una teoría específica de la arqueología marítima clásica, como es, por ejemplo, la obra de Keith Muckelroy, un experto en la arqueología procesual que hizo varias ediciones de su manual e incluso un atlas de sitios sumergidos en el mundo con el título *Archaeology under Water* (1980).

Aparte de las obras de los pioneros en esta disciplina, desde Bass a Luna Erreguerena, también contamos con las guías específicas sobre cómo abordar el diseño de una excavación arqueológica subacuática de manera profesional, académica, científica y en connivencia con la conservación del patrimonio submarino. Tenemos el *Manual para actividades dirigidas al patrimonio cultural subacuático: directrices para el Anexo de la Convención de la Unesco de 2001*, del cual existen ediciones en varios idiomas[3]. Es también fundamental la obra editada por el NAS (Nautical Archaeology Society), que también ha conocido varias ediciones, la última de 2011[4]. El NAS también promueve cursos en formato electrónico dirigidos a profesionales e interesados en el patrimonio sumergido en general.

Prospección, documentación y excavación son los tres ejes del trabajo arqueológico en cuerpos de agua. El primer objetivo es realizar prospecciones o estudios preliminares sobre los restos de origen antrópico insertos o asociados al paisaje cultural marítimo. La fase de documentación es pareja en importancia a las prácticas de localización y delimitación del yacimiento. Se debe analizar tanto la documentación

---

3. La versión en español se publicó en 2013, Maarleveld, Guérin y Egger (2013), y se puede consultar *online* en https://lc.cx/MJVe-s.
4. Bowens (2011), https://lc.cx/H6Kltj.

arqueológica para poder definir un marco espacial de actuación como la documentación histórica disponible. Hay que tener en cuenta también que muchas localizaciones de pecios se han llevado a cabo durante las obras de dragados en zonas portuarias, siendo habitual encontrar yacimientos en áreas cercanas a los puertos. Ello determina en ocasiones que se puedan contextualizar eventos históricos que aporten información sobre un momento determinado y el hecho que pudo propiciar el hundimiento o abandono de un barco.

Hay distintos tipos de prospecciones dependiendo de las circunstancias de la zona en cuestión y de las características del posible yacimiento o hallazgos preliminares. Los yacimientos sumergidos pueden ser un área de fondo marino arenoso o fango, que preserva muy bien la información histórica. Las prospecciones pueden ser llevadas a cabo tanto de forma lenta y minuciosa como de forma rápida. Una y otra requieren unas técnicas especiales. Un tipo de prospección con método directo requiere la participación del arqueólogo-buceador. Otras prospecciones requieren aparatos técnicos especializados que permitan, de una manera no intrusiva, interpretar los datos y registros adquiridos por tales equipamientos.

En el caso de la prospección directa y personalizada, existe un método que se realiza en círculos concéntricos consistente en situar un punto de referencia en un foco determinado que sirve como centro. Posteriormente, se dan vueltas en un radio cada vez mayor y se van completando círculos para delimitar el yacimiento a partir de algún resto hallado que puede llegar a determinar la siguiente metodología a seguir o el espacio de investigación a cubrir. Por regla general, el punto central de este método concéntrico es un hallazgo ya localizado. La prospección también puede llevarse a cabo por calles, parcelándose una cuadrícula en el área a prospectar, que serían recorridas por buceadores a lo largo y ancho de la zona y en un doble sentido. Generalmente, este método de recorrer el fondo marino para identificar posibles restos arqueológicos se realiza, como mínimo, por dos buceadores, estableciéndose diferentes estilos. Dependiendo de los recursos y el tiempo disponibles, este tipo de prospección puede ser minuciosa, en la que se usan, si es factible, unas varillas subdivididas en segmentos para ser introducidas en el fondo arenoso o de fango y detectar así posibles objetos enterrados o cualquier otra anomalía. Este tipo de prospecciones sistemáticas de un determinado enclave pueden llevarse a cabo con recorridos programados o no de inmersión.

En determinados casos se puede realizar una prospección rápida mediante el uso de torpedos de propulsión, los cuales tienen la ventaja de aumentar la extensión a recorrer durante la exploración y ofrecen también mayor libertad de movimientos al arqueólogo-buceador. El torpedo autopropulsor es una maquinaria de coste elevado, por lo que se puede usar una tabla o planeador adaptada que transporta al buceador y que está remolcada por una lancha en superficie. Este tipo de prospección se ha denominado, en ocasiones, de acuaplano, y es un recorrido planeado. Las prospecciones llevadas a cabo de manera sensorial por buceadores requieren un buen estado del mar que permita la visibilidad adecuada. Por el contrario, las prospecciones mediante técnicas y aparatos más sofisticados permiten salvar obstáculos impuestos por la falta de visibilidad o un estado del mar que sea poco favorable al buceo. Y en el caso de las prospecciones con buceadores, tanto en la que se efectúa por calles como la realizada por círculos concéntricos, es importante poder posicionar los hallazgos con la ayuda de pequeñas boyas unidas a plomos. En el caso de las prospecciones desarrolladas con medios técnicos, la teledetección de estructuras y objetos y su posicionamiento van ya de la mano en el mismo proceso gracias al uso del GPS y otros medios técnicos.

En las prospecciones es fundamental delimitar las zonas de búsqueda sistemática con un registro de hallazgos. Las prospecciones se pueden hacer a lo largo de las líneas de playa o en espacios subacuáticos. En muchas ocasiones, los restos se encuentran diseminados en una amplia dispersión espacial dependiendo de las dinámicas marítimas de las zonas que han influido en el proceso de formación de yacimientos o áreas arqueológicas. La localización de estructuras sumergidas, sean ciudades, puertos antiguos o pecios, se puede llevar a cabo de diversas maneras, generalmente con medios de batimetría. Al igual que en la arqueología de tierra, la localización previa a la prospección es lo que delimita que este primer paso de reconocimiento sea solo un viaje exploratorio por parte del equipo de arqueólogos buceadores o sea una prospección intensiva.

En el caso de la excavación de un pecio, todo el proceso desde la prospección a la excavación debe estar organizado teniendo en cuenta las condiciones de su localización en el fondo marino, su profundidad, el estado del mar y las características de la zona y del propio yacimiento. A diferencia de la arqueología terrestre, expuesta a cambios antrópicos, en los yacimientos sumergidos estos solo se producen debido a la acción de la naturaleza. Esto condiciona la localización de determinados yacimientos de los que en la mayoría de los casos solo tenemos constancia a través de la documentación histórica o gracias a la información reportada por buceadores, pescadores u otros miembros de las comunidades costeras. La localización de restos arqueológicos presenta más dificultades en las profundidades del mar, aunque generalmente, la mayor parte de los yacimientos subacuáticos están relacionados con costas, fondeaderos históricos, ensenadas, áreas cercanas, en definitiva, a costas, playas o estuarios, donde las embarcaciones que fondeaban y echaban el ancla eran abandonadas debido a accidentes fortuitos, o eran víctimas de naufragios por embarrancamiento debido a malas maniobras. En el caso de yacimientos de pecios, estos aparecen generalmente varados sobre un costado o abiertos desde la quilla.

Técnicas de prospección

El uso de una tecnología adecuada para la prospección es determinante a la hora de la localización de yacimientos u artefactos aislados que señalen potenciales áreas arqueológicas.

Estas tecnologías han sido utilizadas para prospectar áreas sumergidas que presentan un valor histórico notable por constituir zonas geográficas de referencia para las actividades humanas. Generalmente, se llevan a cabo prospecciones preliminares con diversas herramientas, donde se puede utilizar una sonda multihaz que muestra el pecio en el momento de su hallazgo o al comienzo de una campaña subacuática. La sonda multihaz puede llevar a cabo un levantamiento batimétrico del fondo marino y es capaz de emitir sondas acústicas que permitan medir diferentes variables y parámetros oceanográficos, como la conductividad, la temperatura o la profundidad. La sonda multihaz se ha usado en muchas ocasiones, pues permite una batimetría de alta precisión.

Las problemáticas que un determinado sitio arqueológico pueda presentar son siempre objeto de plantear análisis interdisciplinares donde albergan disciplinas tanto de antropología e historia como de ciencias e ingenierías. Por ejemplo, la geofísica, cuya metodología prospectiva de las estructuras del subsuelo y su monitorización ha contribuido también a hallazgos arqueológicos. Gracias al empleo complementario de diversos dispositivos geofísicos, como los georradares o la electromagnética, se han podido llevar a cabo reconocimientos arqueológicos en áreas concretas de los litorales, previo reconocimiento de anomalías. Antes de la aplicación de cualquiera de estos medios técnicos se realizan identificaciones preliminares en estructuras que puedan corresponderse con naufragios o cualquier otro derivado de la acción antrópica en el mar, tanto en sectores submareales como intermareales o supramareales.

El magnetómetro es uno de los instrumentos más utilizados para realizar estos reconocimientos. Se trata de un dispositivo que mide el campo magnético, por lo que puede detectar la existencia de metales sumergidos. En el caso de barcos de madera, puede llegar a detectar materiales ferrosos de artefactos o productos contenidos o relacionados con el yacimiento, como artillería o bolas de cañón. El magnetómetro de protones, una variedad capaz de detectar arcillas con alto contenido en óxido de hierro, ha sido muy útil en la localización de campos de ánforas, objetos relacionados con pecios de la Antigüedad clásica, fenicia, púnica y romana. Actualmente existen unos magnetómetros manuales, utilizados por buceadores para reconocer el fondo submarino en busca de posibles restos metálicos, que funcionan con una tecnología muy similar a los detectores de metales.

Puede decirse que otra de las técnicas comunes en la localización de posibles yacimientos es la fotografía aérea, también muy usada en arqueología terrestre. En el caso de la arqueología marítima es muy útil para la reconstrucción de líneas de costa y sus posibles cambios a lo largo de la historia, definir o localizar estructuras portuarias y zonas de construcción naval, así como barcos encallados o hundidos a poca profundidad en la costa o que actualmente se encuentran en tierra. Algunos yacimientos importantes relacionados con el mar y los puertos han sido localizados de esta forma, ya que los satélites de detección y la fotografía aérea pueden identificar y mapear estructuras sumergidas. Otra herramienta empleada es la ecosonda monohaz EA600, utilizada en aguas profundas. Se trata de un instrumento fundamental en la navegación para conocer en cada momento la profundidad exacta del fondo marino. Se aplica también en la realización de batimetrías o levantamientos topográficos submarinos. El ecómetro es otro instrumento dedicado a la elaboración de mapas batimétricos del relieve submarino. Se trata de otro tipo de sensor acústico que puede poner en evidencia la existencia de desniveles o antiguas estructuras portuarias. Se ha utilizado para la localización de ciudades sumergidas, especialmente en el Mediterráneo oriental.

Quizás el equipo más usado actualmente es el sónar de barrido lateral (SBL), también conocido como SSS (*side scan sonar*). Se trata de un aparato de teledetección que logra rastrear rápidamente la superficie del fondo marino con el fin de identificar si algún objeto sobresale del fondo. Un sensor sumergido o torpedo remolcado por un barco y conectado a un registrador obtiene imágenes del fondo marino, y gracias a que emite sonidos de alta frecuencia, configura un registro o planimetría del fondo. Mediante esta señal de sónar emitida hacia el lecho marino, se percibe un eco que es enviado hacia una computadora que traduce la señal en una imagen digitalizada en la pantalla. Al mismo tiempo se tiene la posición del torpedo por GPS, lo cual da una posición exacta de la imagen observada en el fondo. El grado de detalle obtenido en las imágenes dependerá de la amplitud de las zonas sometidas a prospección. Su principio básico es la emisión de energía eléctrica convertida en acústica con el fin de producir un registro rápido y continuo de la superficie en el fondo marino y las capas del subsuelo. Cuando algún objeto sobresale del fondo marino, este impide el paso de la onda acústica y su registro aparece reflejado como una sombra blanca. El producto es una sonografía que permite analizar en detalle en el laboratorio la posible existencia de estructuras submarinas de acción antrópica e incluso permite que se destaquen puntos de interés para un posterior trabajo arqueológico.

El sónar sísmico o perfilador de fondos o sedimentos es también un método de prospección acústico. Sirve para detectar elementos enterrados en la arena o el fango, y permite realizar prospecciones en el propio suelo del fondo marino, aunque no es muy práctico en suelos rocosos. Puede detectar estructuras, pero, aunque la distancia de penetración es de 30 a 50 metros, presenta inconvenientes. Algunos de los problemas que plantea es que abarca áreas estrechas de no más de un metro y no es fiable a menos de 10. Además, en ocasiones, es difícil comprobar que se trata efectivamente de un pecio y no cualquier otro tipo de estructura del lecho marino, no siempre de origen antrópico, lo que puede conllevar malinterpretaciones que siempre requieren del ojo experto de un arqueólogo a la hora de examinar las imágenes resultantes. No obstante, también tiene una ventaja en comparación con otras técnicas prospectivas: al penetrar en el lecho marino, proporciona secciones en las que se pueden reconocer cambios de densidad del terreno. En estas ocasiones, el análisis de los registros debe llevarlo a cabo un geólogo. En el caso de que se localice un pecio, su presencia produciría una distorsión en el registro, en el que se apreciaría la diferencia de los materiales, como el de construcción del barco (madera en conexión), y los propios que constituyen el lecho marino. Todos estos sistemas de teledetección suponen medios técnicos que requieren de una cooperación interdisciplinar y que evitan el trabajo de arqueólogos-buceadores en esta fase de la intervención subacuática.

Asimismo, para calibrar la situación de yacimientos o artefactos aislados, se utilizan distintos sistemas de radioposicionamiento, como el Seatex Seapath 200 (posicionamiento de precisión) o el Trisponder, basado en la medición de las distancias y los ángulos existentes entre estaciones fijas de tierra con coordenadas conocidas y una estación móvil situada normalmente a bordo de un barco de referencia. La ubicación del yacimiento o geolocalización es un paso previo que se realiza en una carta náutica con la ayuda de un GPS. Existen varios sistemas de posicionamiento, como la marcación con un teodolito o las enfilaciones, así como el sistema de posicionamiento continuo o, el más habitual, el localizador por satélite o GPS. Actualmente, el GPS mediante satélite es el sistema de localización más usado y es también el que produce los datos más aceptables, aunque en el mar aún se utiliza el radioposicionamiento como mecanismo de radiocomunicación, al menos, cuando el proyecto de investigación se lleva a cabo desde un barco, pues ello también garantiza la seguridad de la navegación.

El posicionamiento y la teledetección son dos cuestiones fuertemente unidas en los trabajos de arqueología subacuática. Al localizar un yacimiento sumergido, es fundamental posicionarlo con el fin de volver a él para su estudio y protegerlo también de posibles expoliadores. Para lograr la geolocalización exacta de un yacimiento, es necesario llevar siempre instalados los sistemas técnicos de detección y registro de posiciones, que se fijarán a partir de tres coordenadas —dos respecto a tierra y otra (Z) que indica la profundidad—. Posteriormente, las referencias obtenidas son almacenadas en cartas náuticas o en bases de datos como el SIG (que veremos más adelante). Una de las herramientas más usadas actualmente es el dron submarino o ROV, un robot que puede utilizarse bajo el agua y que resulta muy útil en la arqueología de cierta profundidad.

El ROV puede llegar a sumergirse hasta 6000 metros de profundidad, por lo que permite capturar, visualizar y analizar datos que no están al alcance del arqueólogo buceador. Más que un sistema de prospección, el ROV es una herramienta de comprobación de anomalías y de documentación o incluso de excavación. Tienen un valor añadido, ya que son capaces de recolectar muestras de sedimentos, materiales y artefactos o incluso restos de plantas y animales. Se utiliza mucho en la arqueología de profundidad, la *deep archaeology*. En realidad, el ROV es un producto reciente de la larga historia de vehículos sumergibles tripulados o no tripulados que han facilitado a historiadores y arqueólogos la posibilidad de acceder a una información, en ocasiones, difícil de obtener por otros medios. Desde la década de 1960 el desarrollo de estos vehículos sumergibles tuvo motivos propiciados por el desarrollo tecnológico, como el DSV (*deep submerged vehicle*) que responde al nombre de Alvin y que se utilizó para la prospección y búsqueda del HMS Titanic. A diferencia del peculiar Alvin, los ROV usados actualmente en arqueología subacuática no son tripulados y se controlan a través de un cable electromecánico desde un barco.

Finalmente, otro ejemplo notable es el proyecto que el DRASSM llevó a cabo en el pecio Lune, fragata hundida hacia 1664 cerca de Toulon (Francia). Su profundidad (91 metros) fuera del alcance de los buceadores convencionales planteó el uso de un robot humanoide llamado OceanOne operado desde el buque oceanográfico francés André Malraux.

Registro y documentación

Para el tratamiento de la documentación de un yacimiento arqueológico marítimo o subacuático es necesario contar con técnicas adecuadas. El proceso de documentación y registro es un paso fundamental en la excavación subacuática. Es definido por los teóricos de la arqueología como principio a la hora de describir y analizar el pasado histórico desde los restos materiales. Para establecer un sistema de documentación, en primer lugar, es necesario planificar todo lo relativo al registro de datos, como el soporte que se va a utilizar y los formularios diseñados de antemano que van a definir los aspectos que se van a analizar tras la recogida de muestras del área excavada. En un yacimiento subacuático, el artefacto puede ser evidencia de relaciones comerciales. La materialidad del contexto marítimo o subacuático se refleja también en el estudio de los materiales no orgánicos relacionados en un yacimiento. Al organizar la excavación subacuática o marítima, se hace un estudio *in situ* de materiales gracias a la fotogrametría, el diseño y la posible reconstrucción en 3D de los restos localizados, que anteriormente se han registrado y de los que se ha elaborado un inventario. Los objetos, artefactos, estructuras y ecofactos, con su correspondiente registro, son capaces de ofrecer información histórica derivada de diversos comportamientos. El registro del dato arqueológico tiene, precisamente, como finalidad explicar tanto el comportamiento humano como la utilidad de los objetos sobre la base de su interrelación y de la época en la que concurren. La dinámica original entre la cultura y los objetos materiales es el contexto arqueológico.

De entre todas las tipologías de registros posibles en contextos de agua, son quizás los artefactos, ecofactos y las estructuras aquellas categorías básicas a las que nos enfrentamos los historiadores del mar. El ecofacto (o biofacto) está ligado al estudio de materiales orgánicos, pues hace referencia a objetos o restos que provienen de seres vivos, que se encuentran en un fértil yacimiento sumergido. Al contrario de los artefactos, no han sido modificados o transformados por el ser humano, como huesos de animales o semillas. En el caso de la arqueología subacuática disponemos de una amplia teoría que sirve para interpretar el registro de evidencias referentes a la cultura material localizada en cuerpos de agua. Son restos materiales del pasado cuyo registro debe ser exhaustivamente establecido. Estos datos pueden hacer referencia a continentes de depósitos de materiales; en este caso, los pecios pueden ser considerados tales al ser continente (el barco en sí) y contenido, es decir, toda la información relacionada con materiales, muestras y artefactos u objetos que puedan albergar. Los propios artefactos en sí, las colecciones de muestras de diversos enseres y materiales, como madera, metales, depósitos orgánicos, etc., deben ser también registrados de la forma más estricta posible.

Los informes escritos por arqueólogos, la información contenida en documentos escritos u otros tipos cualesquiera de literatura relacionada con el yacimiento son también considerados registros. La documentación histórica, en el caso de la arqueología de los siglos modernos, y que encuadramos en la arqueología histórica, tiene en cuenta la información proveniente de archivos y literatura. Es fundamental tener en cuenta unos objetivos específicos o hipótesis de trabajo en donde se enumeren los conocimientos adquiridos previamente, de carácter histórico o geográfico. Además, estos registros contribuyen a aumentar la base de datos con información de restos de naufragios.

El problema de la mayoría de los pecios es que no tienen ubicación geográfica precisa y la mayor parte de la información no aporta realidades patrimoniales constatadas geoespacialmente. No obstante, es muy posible establecer localizaciones a través de la documentación histórica, la cartografía histórica o diversas bases de datos donde se hayan integrado estas informaciones. En diversos archivos históricos, como el Archivo General de Indias en Sevilla, existe una rica documentación con expedientes de naufragios que contribuyen a establecer una importante base de datos de información sobre potenciales yacimientos. El trabajo del historiador del mar es complementario, en estos casos, a la hora de constatar zonas litorales y no litorales que puedan albergar yacimientos o restos, aunque aún no hayan sido localizados.

Datos y publicación de resultados

Hay que subrayar que el registro arqueológico también produce todo tipo de artículos científicos. Al igual que el historiador, el arqueólogo debe siempre publicar sus resultados. De esta manera, estos datos producto de la investigación pueden ser archivados y estar disponibles para nuevas generaciones de científicos y para la sociedad en general. Actualmente existen repositorios institucionales y bases de datos que tienen esta misión gracias a la buena práctica internacional del mandato abierto. De entre las diferentes bases de datos que se utilizan para archivar y preservar la documentación, además de los artefactos que sirven como registros arqueológicos, existen algunas dedicadas al registro subacuático y marítimo. De hecho, una buena parte de las instituciones dedicadas a la investigación arqueológica y del patrimonio subacuático tienen disponible en línea una gran cantidad de datos y metadatos. Se trata de archivos de miles de naufragios. En Francia, el citado DRASSM dispone de una base de datos nacional denominada Patriarca, que se nutre de los contenidos de la biblioteca, la videoteca y la fototeca del centro de recursos. En España existe un valioso inventario, recopilado por el arqueólogo Carlos León Amores, que cubre, hasta el momento, un número aproximado de 700 naufragios relacionados con las rutas del comercio y la navegación española con América entre los siglos XVI y XIX. Se trata de un importante inventario amparado por la Subdirección General de Patrimonio Histórico del Ministerio de Cultura desde 2019.

Los sistemas de información geográfica (SIG) constituyen una herramienta muy útil en el procesamiento y visualización de datos gracias a que cuentan con una referencia espaciotemporal de la cultura material. La aplicación de los SIG y de las herramientas de las humanidades digitales contribuye a resaltar la importancia de estos yacimientos al integrar diversas bases de datos y repositorios de información. Una base de datos orientada a un modelo de datos en SIG es la solución más adecuada para la elaboración, por ejemplo, de las cartas arqueológicas. Sin embargo, en ocasiones es necesario que su creación tenga en cuenta la participación interdisciplinar para impulsar el denominado compartimiento de datos (*data sharing*). Su aplicación no solo hace referencia a simples repositorios, sino a la creación de plataformas interactivas y con pasarelas para poder integrar realmente y cotejar de forma científica y sistemática tanto la información de las cartas arqueológicas subacuáticas como las bases de datos existentes.

Antes de explicar la tecnología SIG, es necesario estandarizar mucho tipo de información, plataformas, repositorios, bases de datos y cartas arqueológicas con distintos *softwares*. Esto da una idea de la información inmensa pero heterogénea, fragmentada o esparcida de la que disponemos, así como el reto que aún tenemos por delante en la investigación histórica y arqueológica marítima y subacuática. Sin embargo, el estado actual en el que se encuentra esta información no resulta muy útil para realizar estudios científico-técnicos e interdisciplinares de yacimientos marítimos o sumergidos. Su integración es realmente un reto para el futuro. También la interdisciplinariedad de las ciencias arqueológicas son un desafío, pues se hallan ante la necesidad de crear modelos de datos que incluyan diversas tablas de información, que contengan desde datos históricos, evidencias arqueológicas, artefactos y muestras hasta la inclusión de los resultados derivados de los distintos tipos de análisis. En el caso de España, y a pesar de las loables cartas arqueológicas existentes, algunas de ellas aún inéditas, las bases de datos orientadas a SIG han supuesto un paso decisivo en la organización de esta información destacada por su naturaleza de auténtico *big data*.

La aplicación de diversas herramientas y sus respectivos *softwares* contribuye también al análisis de los yacimientos arqueológicos sumergidos de forma concatenada con el estado de los ecosistemas subacuáticos. Existen modelos, como el citado SIGNauta, diseñados para insertar y gestionar información documental sobre naufragios obtenida de la investigación en archivos históricos. Estas bases de datos con información histórica-arqueológica subacuática y marítima se utilizan para la gestión en la delimitación de zonas arqueológicas, proteger, investigar en programas interdisciplinares y difundir y concienciar sobre este patrimonio. Otras bases de datos o repositorios semejantes plantean una estructura en la que se identifican barcos siniestrados, datos cronológicos, datos del naufragio o accidente, información adicional relacionada con la historia de la travesía, agentes involucrados, rescate o salvamento, ya que muchos barcos históricos ya fueron intervenidos desde época inmediatamente posterior a su hundimiento, así como información general que pueda recoger referencias exactas sobre las fuentes documentales y literarias.

El proyecto de investigación ForSEAdiscovery[5] tiene sus propias bases de datos, su visor y una serie relacionada de servicios de datos, como el Archaeological Data Service, que se encuentra en el repositorio de la Universidad de Gales, en Reino Unido. El procesamiento de una enorme cantidad de datos debe ser siempre organizado con la aplicación de herramientas de las humanidades digitales y los SIG, diseñadas para relacionar datos y tablas de distinta tipología con el fin de identificar comportamientos o modelos. En este caso, el modelo de datos y SIG del proyecto ForSEAdiscovery está orientado a integrar información de naufragios históricos y su estudio arqueológico; en su caso, procesar todos los datos posibles recogidos en documentos y en campañas de excavación y analizar así la evolución de la construcción naval y la procedencia de las especies de madera empleada.

Por su parte, el repositorio NADL (The Nautical Archaeology Digital Library)[6] representa un proyecto ambicioso para integrar información de barcos ibéricos (españoles y portugueses) que navegaron entre los siglos XVI al XVIII. Muchos de estos barcos han sido expoliados por empresas lucrativas, ajenas al estudio profesional arqueológico, y otros, los menos, han sido objeto de estudio histórico-arqueológico. La misión de estas bases de datos y repositorios es conservar y transmitir, a la vez que concienciar, sobre la existencia de este patrimonio y facilitar su estudio en el futuro. Gracias a estos proyectos sabemos que es importante organizar y tener una base documental que identifique las zonas arqueológicas importantes, ya sean en tierra o en el mar, relacionadas con la actividad histórica antrópica marítima.

---

5. Véase https://lc.cx/oRNtaa.
6. Véase https://shiplib.org/.

Cartografía histórica, SIG y procesamiento de datos

Una fuente también destacada a la hora de proceder con el registro y documentación de la cultura material marítima es la cartografía histórica. De hecho, la cartografía es una fuente histórica y, junto con la búsqueda, localización y análisis de fuentes documentales, es un paso previo que depende de su disponibilidad. No siempre es fácil teniendo en cuenta la era cronológica que se estudia. Los mapas históricos y los mapas viejos pueden ofrecer información sobre refugios naturales, puertos, zonas costeras, así como detalles topográficos del mar que puedan apuntar a un posible yacimiento arqueológico sumergido. La documentación iconográfica relacionada con los mapas viejos o históricos es muy rica en todos los sentidos, desde imágenes y grabados hasta otros tipos de imágenes conservadas en pinturas y obras de arte.

Las cartas náuticas se generalizaron gracias a los avances en el diseño e importancia de herramientas como la brújula, el astrolabio o la rosa de los vientos. Aparte de cartas generales (de escala 1:3 millones en adelante) o cartas de arrumbamiento, de navegación costera, también se incluyen portulanos o periplos y derroteros, usados tanto en la Antigüedad como en la Edad Moderna. También la documentación iconográfica reflejada en la cartografía histórica, así como en cualquier otro documento histórico relacionado, es muy rica en todos los sentidos, a lo que se suma todo tipo de imágenes transmitidas a través de obras de arte.

Las cartas náuticas se generalizaron con la importancia de la brújula y la rosa de los vientos, y la creación de derroteros por parte de los pilotos aporta también una narrativa sobre el conocimiento del océano y sus características, así como las técnicas de navegación, que evolucionaron al socaire de la experiencia humana en el mar. A partir del siglo XV, el avance en la navegación astronómica de altura permitió el desarrollo de un corpus cartográfico muy rico, con precisiones detalladas de gran utilidad para la arqueología. El mundo de la cartografía es inmenso y ofrece una infinidad de posibilidades. Algunos mapas antiguos brindan información sobre la batimetría y la profundidad de las zonas marítimas, pero incluso hay mapas y grabados en los que aparecen indicios de posibles yacimientos arqueológicos o topónimos sospechosos que ofrecen pistas sobre accidentes del mar, naufragios o eventos marítimos de cualquier naturaleza, incidencias de la navegación o combates navales.

La toponimia y la batimetría también son de gran ayuda para el conocimiento del océano y la huella humana en él. Así, en la cartografía histórica pueden aparecer evidencias e indicios de zonas arqueológicas sumergidas. Pero no toda la cartografía histórica es propicia para su uso en un SIG sobre naufragios. Asimismo, hay cuestiones que deben ser tenidas en cuenta cuando se analiza la cartografía histórica, como el propósito con el que se confeccionó el mapa, su estado de conservación y su fiabilidad, entre otras.

Existe, de todas formas, una interesante información histórica que, en ocasiones, se puede ver en mapas antiguos y que se corresponden con yacimientos arqueológicos reales. Es el caso del mapa de Pedro de Teixeira, cartógrafo y marino portugués al servicio del rey Felipe IV, quien confeccionó para su soberano "La descripción de España y de las costas y puertos de sus reinos" (1634). Teixeira pintó puertos y zonas marítimas en los que, aparte de la belleza de la orografía, también reflejó barcos hundiéndose por la proa. Fue el caso de la Costa da Morte y Finisterre, lugar de los naufragios de la malograda Armada del adelantado Martín de Padilla y otras embarcaciones históricas.

Registro, dibujo y fotogrametría

Para la documentación *in situ*, es decir, durante la tarea de documentar los hallazgos por parte del arqueólogo-buceador, tradicionalmente se ha utilizado el dibujo. La representación gráfica de un yacimiento y sus materiales ha constituido una fase fundamental que requería cierta práctica orientada a la toma de datos gráficos subacuáticos y su dibujado junto a los materiales. Se utilizaba una planimetría a la hora de registrar datos de artefactos u objetos que habitualmente se encontraban dispersos. En realidad, bajo el agua es posible dibujar los restos arqueológicos al igual que se hace en una excavación de tierra y el procedimiento es el mismo. Pero dibujar bajo el agua no es fácil, por lo que es necesario desarrollar ciertas habilidades, observar bien los detalles y plasmarlos, aprovisionarse de buenos materiales: lápices grasos, papel de poliéster, planchas plásticas y cuadriculado en tablillas. El tipo de papel de poliéster milimetrado se puede colocar sobre una tabla rígida de aluminio, aunque generalmente se utiliza el metacrilato. También se usan bolsas de inmersión para depositar el dibujo y se evita introducir en ellas otros objetos que puedan dañarlo cuando estamos emergiendo.

Es importante conocer la topografía submarina y tener una buena disposición para orientarnos bajo el agua, pues constituye una labor imprescindible para ubicar los restos superficiales y relacionarlos de forma espacial en el entorno del yacimiento. Para la elaboración de la topografía, se utiliza un profundímetro, una brújula y una cinta métrica. Actualmente, existen técnicas avanzadas que permiten representaciones espaciales o tridimensionales para facilitar la prospección, el análisis y la difusión de patrimonio sumergido. Las técnicas de imagen se sustentan en el buceo de los yacimientos, pero también a través de técnicas de sónar marino, impresión 3D y realidad virtual. En los últimos 20 años se ha aplicado la herramienta de documentación y reproducción tridimensional y se ha desarrollado la fotogrametría. La *Encyclopedia of Underwater and Maritime Archaeology* del British Museum (Delgado, 1997) describe la fotogrametría como "generación de mediciones tridimensionales precisas a partir de pares superpuestos de fotografías estereométricas (pares estereoscópicos)".

La fotogrametría permite la reconstrucción de un escenario a través de fotografías, en ocasiones miles de tomas realizadas por un arqueólogo buceador experto en este tipo de fotografía subacuática. Para la elaboración de una fotogrametría es necesario realizar buenas fotografías de los yacimientos subacuáticos, por lo que a veces se ha recurrido a estructuras añadidas con el fin de obtener verticalidad y una buena precisión. Su uso se complementa, además, con la aplicación de las técnicas de humanidades digitales en el campo de la arqueología subacuática. Igualmente, un valor añadido del uso de la fotogrametría es que, usada correctamente, plantea retos interdisciplinares, rompiendo los compartimentos estancos existentes anteriormente en la investigación y la forma de resolver problemas o responder a las preguntas.

La fotografía subacuática tiene actualmente técnicas muy avanzadas. Las imágenes tomadas por el arqueólogo-buceador, experto en fotografía subacuática, se montan como un mosaico que sirve para la reconstrucción del yacimiento, pero también para apreciar su evolución posexcavación. Para aplicarla correctamente, los objetos o artefactos deben estar posicionados, fotografiados, dibujados y registrados antes de su extracción fuera del agua. Para hacer emerger las figuras, a veces se han utilizado globos ascensionales, sobre todo en los casos en los que el yacimiento está a mucha profundidad. Siempre tenemos en cuenta que el valor, bastante elevado, por cierto, de una buena cámara fotográfica subacuática no vale una vida humana en caso de que se le caiga al arqueólogo-buceador o sufra cualquier otro incidente durante su uso en las inmersiones.

La fotogrametría no debe confundirse con el fotomosaico, como a veces ha sucedido. El fotomosaico comprende imágenes planimétricas bidimensionales, reconstruidas a partir de múltiples fotografías (como una foto de fotos) que juntas cubren un área mayor que una sola fotografía. El uso de estas técnicas facilita el posterior tratamiento de los datos y el uso de otros métodos para la representación y el análisis de estructuras. Instrumentos que reconstruyen un viaje de un barco de forma virtual, escáneres de alta precisión (como el ArtecStudio), el programa de *software* Rhino 3D o el uso del FaroArm (un brazo digitalizador que permite realizar metrología y análisis dimensional) son herramientas que suponen un valor añadido a la labor del registro arqueológico y a la conservación de los datos.

Excavación subacuática

Si las circunstancias lo permiten, es adecuado organizar un proyecto de excavación subacuática. Las fases del trabajo y la metodología empleada durante la excavación de la intervención arqueológica, una vez superada la fase de teledetección y geolocalización, deben ser siempre supervisadas y controladas en un estricto trabajo en equipo. Toda excavación arqueológica es intrusiva y supone una disección del yacimiento con el fin de extraer de él la mayor cantidad posible de información. Por ello, es una obligación del arqueólogo subacuático realizar una concienzuda documentación y registro de todos los hallazgos, en su justa y exacta localización, para que esta información recaudada del yacimiento no se pierda para siempre. En ocasiones vemos en las noticias y en las redes sociales que algunos buceadores, no arqueólogos, han encontrado restos y los han sacado del agua, provocando así un problema irremediable para un posible estudio arqueológico. A veces se piensa que la extracción por no científicos es algo extraordinario, cuando lo acertado sería dar noticia inmediatamente a las autoridades de la zona para su conservación y facilitar la asistencia a arqueólogos. Los hallazgos siempre se deben registrar *in situ* para poder así entenderlos como parte de un conjunto con el resto del yacimiento o del área en el que se encuentran. Este es el principio básico de la arqueología en general, orientada a examinar la localización de los objetos y sus relaciones espaciales.

Otra cuestión a tener en cuenta es que antes del inicio de una excavación arqueológica se debe asegurar la existencia de recursos y medios profesionales para el estudio y conservación posterior de los restos, ya sea en el propio yacimiento o en un museo en el caso de extracción correcta de artefactos y piezas. A esto hay que añadir que los profesionales de la arqueología subacuática deben aceptar que solo se deben excavar aquellos yacimientos amenazados por el expolio o la destrucción debido a factores naturales, obra civil o portuaria, o aquellos yacimientos que por su excepcionalidad y carácter único aportan conocimientos históricos fundamentales y complementarios con otros ya existentes.

Una vez planteado y redactado un proyecto adecuado de investigación, ya se pueden reunir todos los medios técnicos y recursos humanos para la excavación subacuática. Para acceder al yacimiento, generalmente se usa una embarcación: esta puede ser desde una zódiac, o embarcación neumática o semirrígida, hasta barcos oceanográficos. Previamente, y durante la fase de prospección arqueológica, se comprueba también la metodología de buceo que es necesaria. No es lo mismo trabajar en aguas poco profundas y cercanas espacialmente a puertos, costas o playas que en profundidades medias por debajo de los 45 metros, o en zonas distantes de la costa. Cada circunstancia planteará una determinada estrategia de prevención de riesgos laborales. Las operaciones de buceo se recogen en el diario del buceador o *dive log*, en el cual se identifica el tiempo de inmersión, el aire comprimido y las estrategias de descomprensión, en el caso de que fueran necesarias. En el buceo, la descompresión difiere dependiendo del tiempo y profundidad. En ocasiones, el buceo puede realizarse con compresores de aire que suministran esta al buceador desde la superficie. También es importante la forma en la que se accede o se sale del agua y del yacimiento sumergido. Generalmente se han utilizados diversos tipos de embarcaciones, pero en ocasiones se necesita también una plataforma de trabajo que, montada en la superficie del mar, constituye un espacio de trabajo para ayudar a los buzos.

Es habitual en las excavaciones en agua que durante el trabajo se haya creado una referencia espacial horizontal con la forma de una cuadrícula, que tiene una parte rígida construida con hierro o aluminio. A su vez, la cuadrícula tendrá una serie de cuadrados más pequeños, generalmente marcados en unidades de 1×1 metro. Esta cuadrícula se fijará en el fondo marino, y estará nivelada perfectamente para proceder a trabajar. Este sistema de cuadrados se puede desplazar por el fondo, de tal forma que a veces no son muy prácticos bajo el agua si no están firmemente sujetos al fondo marino. También se pueden abrir trincheras, que constituirán las áreas prioritarias de excavación. Este sistema es, generalmente, muy apropiado; se empleó durante la excavación del pecio Ribadeo I, en Galicia. Para ayudar en la extracción de los sedimentos o materiales de cualquier tipo (arena, piedra, etc.) por niveles horizontales, se emplea la manguera de succión. No obstante, siempre es difícil excavar de forma vertical bajo el agua, especialmente si se intentan realizar secciones verticales estratigráficas como se hace en la arqueología de tierra. Bajo el agua esto es difícil de registrar; en arena, limo o gravilla, es prácticamente imposible.

Hay que definir siempre una estrategia justificada de excavación. Durante la excavación se llevan a cabo procesos de remoción del fondo marino con la ayuda de instrumentos como la citada manga de succión por aire o el aspirador que elimina sedimentos. Hay dos tipos de manga de succión: por aire y por agua, esta última movida por una motobomba. Ambos tipos pueden tener ventajas e inconvenientes. Las mangas de agua suelen ser más fáciles de montar y transportar, y se usan a poca profundidad, desde los dos metros. Las mangas de aire, aunque más pesadas, están más indicadas para profundidades más extremas (entre 40 y 60 metros) al actuar por diferencia de presión, pero también pueden usarse desde los cinco metros. Se utiliza también la motobomba y el compresor para, por ejemplo, desplazar grandes cantidades de arena.

Durante el buceo en el yacimiento los arqueólogos tienen mucho cuidado en no alterar demasiado el sitio. Bucear o posicionarse sobre el yacimiento con las aletas hacia arriba doblando las rodillas es lo mejor para evitar mover demasiado el fondo, problemático si este es de arena o fango y su movilidad no ayuda mucho a poder proceder con la realización de un buen dibujo, tomar notar, recoger muestras o incluso realizar las fotografías que den lugar a la fotogrametría y el fotomosaico. Los sedimentos se levantan con la mano y la tierra levantada se retira con ayuda de una manguera de succión. Como se ha indicado, los objetos o artefactos que aparezcan no se moverán hasta que no se registre su posición. En primer lugar, se procede a la comprobación *in situ* del estado de conservación de los restos bajo el agua. Se toman medidas de piezas encontradas y se realizan croquis dibujados de sus dimensiones y características antes de dejar las piezas de nuevo en el agua o entregarlas a un museo.

El estudio de la estructura del yacimiento en sí misma es un valor añadido, por ejemplo, en el caso de los pecios. Una parte del proyecto de investigación subacuática debe orientarse a comprender el proceso de formación del sitio arqueológico y su proceso deposicional, en el cual intervienen diversos elementos, desde las circunstancias del naufragio o evento originario hasta las condiciones geográficas del espacio marítimo en el que se ha producido dicho evento. En el caso de la arqueología marítima y subacuática el proceso de formación de un yacimiento está muy supeditado a la evolución del entorno marítimo y sus circunstancias bioclimáticas y geofísicas tales como las corrientes, la diversidad marina o cualquier otro factor físico o antrópico que haya contribuido a la formación del yacimiento. En el caso de la biología marina ello es importante, porque muchas especies de animales han hecho de los restos arqueológicos sumergidos su hábitat que ahora es amenazado por la presencia de los intrusos arqueólogos.

El análisis y conservación de los materiales tras la extracción del medio subacuático es complejo. En primer lugar, los materiales deben guardarse en bolsas de rejilla y ser desalados en agua dulce cambiando el agua de forma semanal. El tratamiento de artefactos y muestras requiere una catalogación con su numeración y explicación básica antes de ser llevados al laboratorio para su análisis. Esto es especialmente importante, por ejemplo, en el caso de yacimientos de pecios. La extracción de objetos de forma no profesional puede producir también que, al remover el fondo, se pueden dañar otros materiales cercanos, ya que al mover la arena o fango del fondo marino se pueden producir quiebras de otros artefactos o bien dejar al descubierto algunas piezas de tela, madera o vidrio que al estar ocultadas durante años o siglos se hayan conservado bien en un ambiente anaeróbico (falto de oxígeno). De hecho, hay materiales que se conservan mejor bajo el agua, como huesos, madera, vidrio o cerámica. Al quedar destapados, sin criterio ni razón, estos materiales pueden llegar a sufrir una degradación innecesaria que luego dificulte su tratamiento.

El equipo de investigación que permanece en la superficie, ya sea a bordo de la embarcación de referencia y apoyo o en tierra, en el laboratorio, es fundamental además en la cadena del trabajo en arqueología subacuática. Cerca de los buceadores y durante los procesos de inmersión siempre debe haber personas encargadas de que se cumpla la seguridad en las inmersiones y los procesos de descompresión en caso de que sean necesarios. Este personal es necesario a la hora de velar por la seguridad del equipo que trabaja bajo el agua, pues también están pendientes de que se respeten las normas de navegación en zonas con buceadores. Sería un peligro para el buzo que una embarcación pasara por encima de donde se encuentra. Para evitar posibles accidentes, se alza la bandera internacional de buceo, Alfa (A), de colores azul y blanco, que significa "buzo sumergido, mantenga la distancia".

Lamentablemente, la navegación deportiva desconoce o ignora a veces esta bandera produciéndose accidentes que no deberían suceder. Este equipo puede estar pendiente de posibles problemas cuando se encuentra a bordo del barco y los compañeros están bajo el agua. Asimismo, el equipo de tierra es el encargado de recibir los materiales arqueológicos, proceder a su limpieza, inventario y conservación. Como se apuntó antes, estos materiales se guardan en bolsas de rejilla; sin embargo, no pueden secarse hasta estar desalados para evitar que al evaporarse el cloruro sódico estos se cristalicen en la pieza y contribuya a un deterioro.

Artefactos y otros materiales: fertilidad del yacimiento subacuático y datación

Pero no solo hay artefactos, sino también otros materiales importantes para el estudio del pasado histórico y arqueológico. En el caso de yacimientos asociados a barcos hundidos, es muy importante el estudio de la madera estructural en conexión. La madera es uno de los más interesantes materiales orgánicos, pero no el único. Son susceptibles de ser analizados por especialistas en determinadas disciplinas, como la dendrocronología, la palinología y otras ciencias arqueológicas relacionadas con el análisis de restos humanos y animales. Son los que antes mencionamos como ecofactos o biofactos.

La dendrocronología es la ciencia que estudia los cambios ambientales registrados en los anillos de crecimiento anual de los árboles; gracias a ello, es posible datar cuándo fue cortado un árbol. Si se consigue una datación, estos datos pueden llegar a ser muy exhaustivos, sobre todo si se conoce la especie, como en los casos de *Pinus* spp y *Quercus* spp, tipos de árboles con cuya madera se construyeron gran parte de las estructuras navales del barco moderno. Su aplicación en el estudio del barco histórico, fundamentalmente construido en madera hasta bien entrado el siglo XIX, constituye un método fundamental para el estudio de la construcción naval, así como el análisis de la procedencia de la madera usada en tales procesos.

Para lograr una datación por dendrocronología, es necesario aplicar unos determinados protocolos de toma de muestras bajo el agua (no sirve cualquier trozo de madera). Por ello, el muestreo debe ser llevado a cabo por un arqueólogo-buceador que sea también dendrocronólogo. Hablamos, pues, de dendroarqueología aplicada a yacimientos subacuáticos, disciplina que está planteando valiosas preguntas de investigación a la hora de estudiar las relaciones entre la administración de los recursos forestales y el uso de la madera para la arquitectura de grandes barcos. Las respuestas incluso ponen en tela de juicio teorías tradicionales sobre la relación entre el origen del capitalismo moderno, la formación del Estado y la gobernanza histórica de los recursos naturales. Gracias a la dendroarqueología se han podido datar yacimientos relacionados con barcos históricos. En caso de ser aplicada correctamente y entendiendo los problemas de identificación que pueda llegar a plantear, es prácticamente el método de datación e identificación más viable, tal como se ha demostrado en casos como el Newport Ship, cuya madera procedente del País Vasco y Cantabria, y datado su corte en el año 1457, lo describe como un barco medieval ibérico. En este caso, la dendroarqueología ha sido complementaria con el análisis de los isótopos de oxígeno.

Muestreo de maderas en el pecio Ribadeo.

Uso de la manga de succión.

Buceador sobre el túmulo del pecio Rocciu 1.

Arqueólogos buceadores sobre el túmulo del pecio Rocciu 1.

Desplazamiento de materiales del pecio Rocciu 1.

Descenso por acceso de seguridad al yacimiento.

Toma de medidas de la estructura en conexión de madera del pecio Ribadeo I.

Equipo de arqueólogos trabajando en el yacimiento Ribadeo I.

Yacimiento del pecio Ribadeo I. Imagen de fotogrametría.

Cañón cubierto de corales, pecio Mortella II.

Vista de la carlinga y estructuras de cubierta del pecio Ribadeo I.

Medición de estructura de varengas del pecio Rocciu I.

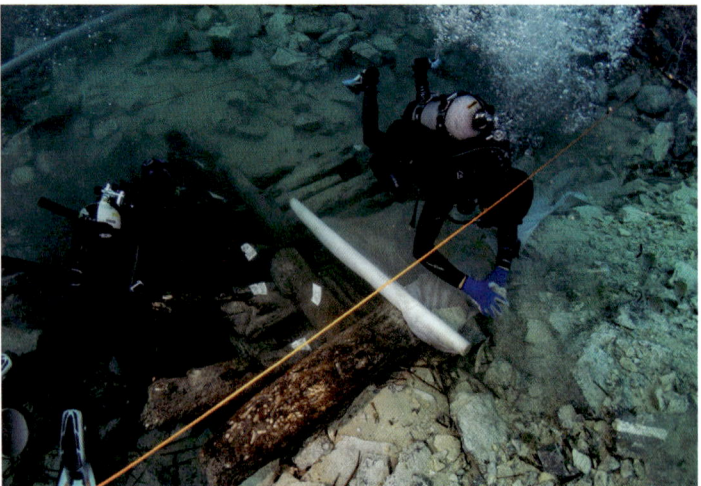

Fotografía submarina del pecio Rocciu 1.

Yacimiento Ribadeo I. Ortofotografía.

Fuente: Brandon Mason (MATLtd), © ForSEAdiscovery-CSIC, Archeonauta, Xunta de Galicia.

La dendroarqueología ha contribuido al estudio de la madera de los yacimientos Barceloneta I, el pecio de Highbourne Cay o Emanuel Point II y III, unos barcos asociados a la expedición de Tristán de Luna y Arellano hundidos en 1559 en las costas de Florida y excavados por la University of West Florida. El muestreo y análisis de sus maderas se llevaron a cabo en el marco del proyecto ForSEAdiscovery, dirigido desde el CSIC. Los restos del pecio denominado Belinho I, arrastrados por un temporal en las costas de Esposende (Portugal), fueron almacenados en una nave dentro de una bañera de agua para su conservación en óptimas condiciones, el escaneado de cada pieza y su análisis dendroarqueológico. Estos trabajos definen también los restos de madera recuperada como los puzles más grandes del mundo al suponer un auténtico reto de datación y reconstrucción.

Otros barcos, como el yacimiento Yarmouth Roads, localizado en el estrecho del Solent (Reino Unido) e identificado también como un barco español del siglo XVI, o el Delta III, yacimiento situado en Cádiz e identificado como un barco de construcción holandesa, han puesto en evidencia algunos de los problemas metodológicos que también pueden derivarse del uso de la dendroarqueología, como es, por ejemplo, la carencia de una cronología fiable para realizar referencias cruzadas con las maderas arqueológicas. En el caso del Barceloneta I se analizaron 14 piezas de madera extraídas de los restos desmantelados y transportados al CASC. En el año 2017 se excavó el pecio de Highbourne Cay, localizado en Exumas (Bahamas), identificado como un barco de tradición iberoatlántica de siglo XVI y del cual se extrajeron muestras de madera de roble (*Quercus* subg.).

La datación de los restos, en general, constituye un capítulo importante relacionado con el registro y las preguntas de investigación. Aparte de la dendrocronología, existen otras diversas formas de datación, como el carbono 14, el análisis de isótopos de oxígeno e incluso métodos de asociación histórica, en el caso de que dispongamos de una documentación fiable que pueda servir de referencia. La datación de artefactos o estructuras no siempre es absoluta, sino que presenta algún margen de error que siempre debe ser citado. En el caso de la dendrocronología existe un manual de "buenas prácticas" con el fin de saber cómo debe muestrearse cada pieza para que luego sirva para su tratamiento en el laboratorio. Si las piezas no son radiales o no tienen anillos, su valor científico bajo el estereoscopio es escaso, aunque pueda servir para identificar la especie arbórea. Es fundamental también la existencia de cronologías de referencia de cada zona forestal, especialmente basada en muestras obtenidas en árboles viejos. No podemos datar maderas de un galeón del siglo XVI si no tenemos cronologías de árboles con más de 500 años de edad. El muestreo alternativo en edificios históricos es valioso a la hora de completar lagunas derivadas de la deforestación histórica.

La geocronología, la estratigrafía, las técnicas de seriación y la datación cruzada (*cross-dating*) pueden ofrecer una datación comparativa con un intervalo entre la fecha más temprana y la más tardía. Otras técnicas de datación como la química o la termoluminiscencia, menos usada hasta el momento, podrían suponer nuevos avances para el futuro. Las muestras tomadas de materiales sumergidos también son de naturaleza no orgánica, por lo que resulta viable su estudio con técnicas arqueométricas. La arqueometría ha aportado información relacionada con los materiales de construcción, su manufactura, calidad e incluso su procedencia. Estos análisis implican también el estudio de la caracterización morfológica, microestructural y química a través de la aplicación de tecnologías de relevamiento y reconstrucción, como la fotogrametría, el modelado 3D y los modelos a escala. Se ha aplicado con éxito en casos de pecios de los siglos XIX y XX, cuando los barcos ya se construían con metales.

Conservación *in situ*: plan de contingencia

Para terminar adecuadamente una excavación subacuática, es siempre importante tener un plan de contingencia para la conservación *in situ*. Se da la circunstancia de que los enclaves arqueológicos raras veces son totalmente excavados y parte de los materiales se quedan bajo el agua sin extraer; por esta razón, es necesario proteger estas zonas que quedan expuestas. Los distintos métodos de conservación que se pueden llevar a cabo son diversos, desde cubrir con sacos de arena, hasta colocar redes o bolsas de poliéster rellenas de arena sobre partes vulnerables del pecio (casco o cuadernas que sobresalgan del fondo), etc., todo ello sin demasiado éxito si no existe un programa de monitorización para el seguimiento de la protección. El problema de estos mecanismos de protección es que en ocasiones las propias mareas los alteran produciéndose cambios en el entorno marítimo o en el propio pecio, dejando el sitio expuesto a nuevas amenazas biológicas o mecánicas del mar. En algunos casos, la arena introducida artificialmente atrae la proliferación de nueva vida marina que coloniza el yacimiento.

El sistema de protección con sacos o bolsas de arena se ha utilizado en Australia. Se trata de un método efectivo y barato. La protección con redes se ha experimentado en Holanda de forma pionera. El pecio Burgzand Noord 3, un barco de la Compañía Holandesa de las Indias Orientales y el primero protegido físicamente por la Ley de Monumentos Holandeses de 1988, se protegió con redes de polipropileno. El uso de estas redes deriva en la formación de un montículo artificial de sedimentos que permiten mantener el yacimiento en buenas condiciones anaeróbicas y sobre todo impiden que microorganismos xilófagos, como el *Teredo navalis*, deterioren la madera. El Centro de Arqueología Subacuática de Andalucía ha empleado un prototipo de red "inteligente" orientada a detectar elementos intrusivos, ya sean naturales o antrópicos. Este sistema se aplicó a uno de los pecios hundidos durante la batalla de Trafalgar en 1805. A su vez, se ha empleado también la posidonia natural o artificial en el yacimiento Culip VI en Girona, un barco medieval del siglo XIV cuyo casco de madera permaneció enterrado, después de la excavación, en la posidonia natural que fue retirada anteriormente.

Desde la instalación de túmulos artificiales hasta estructuras metálicas, estos sistemas de protección aún permanecen más en fase de experimentación, y dejan abierta la investigación a descubrir nuevos métodos para la salvaguarda de los yacimientos sumergidos. Algunos de estos sistemas se han empleado por el ARQVA en pecios antiguos, como los barcos Mazarrón I y II (fenicio). Aun así, el patrimonio subacuático es una herencia en riesgo ante factores diversos como las obras públicas, que pueden afectar al lecho marino o la dinámica litoral. Especial atención tienen los trabajos de dragados efectuados para la limpieza y conservación del calado en rías y puertos, regeneraciones de playas o las intervenciones que se hacen como paso previo a la construcción de espigones o muelles para obras portuarias en general. Para evitar que los dragados dañen o incluso destruyan sitios arqueológicos, es necesario estudiar previamente el área afectada para tomar medidas de cautela o sistemas de prevención.

Las artes de pesca, la presión turística o incluso la contaminación producida por la industria son también peligros que afectan directamente a la conservación del patrimonio. Además, el problema del expolio está presente de forma casi estructural en muchos casos debido a que la sociedad suele otorgar a los restos arqueológicos un valor económico más que científico. Este problema se extiende desde los pequeños expolios realizados por buzos o pescadores hasta las empresas de cazatesoros, que, con muchos medios económicos e incluso a veces con un escandaloso apoyo por parte de instituciones públicas o del Estado realizan saqueos y comercialización de restos arqueológicos. En definitiva, prospección, excavación, registro y conservación de restos son los pilares básicos en torno a los cuales construir un adecuado proyecto de arqueología subacuática.

CAPÍTULO 5

Una ciencia en el estrado: legislación y protección del patrimonio histórico en el océano

Entre los años 2009 y 2011 tuvo lugar el proceso judicial que enfrentó al Gobierno español con la empresa norteamericana Odyssey Marine Exploration, dirigida por Gregg Sterm, con sede en Tampa (Florida). Desde la localización por parte de esta empresa de un supuesto buque inglés en aguas internacionales, en el año 2007, hasta la confirmación de que en realidad se trataba de la fragata de guerra española Nuestra Señora de las Mercedes, hundida en combate contra navíos de la Armada inglesa en 1804 frente a las costas del Algarve, se produjo un proceso que ha supuesto un antes y un después en la protección internacional del patrimonio subacuático. Finalmente, en 2012, el Tribunal Supremo de los Estados Unidos rechazó el recurso interpuesto por la empresa estadounidense y el tesoro de la fragata española regresó a España a bordo de dos aviones Hércules.

Paralelamente, la empresa Odyssey tuvo también que entregar una serie de materiales que tenía depositados en Gibraltar. El mediático juicio sobre el rescate de este pecio puso a prueba el sistema legal impuesto por la Convención de la Unesco de 2001, así como las normativas que rigen la conservación del patrimonio subacuático español, incluyendo la consideración de la categoría de buque de Estado. Esta acepción de buque de Estado, aplicado al caso de la fragata

Nuestra Señora de las Mercedes, define en el punto 8 del artículo 1 de la citada Convención a los "buques de guerra y otros navíos o aeronaves pertenecientes a un Estado o utilizados por él y que, en el momento de su hundimiento, fueran utilizados únicamente para un servicio público no comercial", enarbolando el pabellón de un determinado país en un momento histórico concreto. Tal definición ya estaba recogida en los artículos 29 y 26 de la Convención de las Naciones Unidas sobre el Derecho del Mar de 1982. Tras años de disputa legal, expertos españoles lograron el inventario y el análisis de más de medio millón de monedas de plata que actualmente están depositadas en el ARQVA en Cartagena. En realidad, este había sido un caso claro de expoliación de patrimonio histórico, ya que la empresa norteamericana no había cumplido con el deber de notificar el hallazgo en su momento y extrajo bienes culturales sin el debido permiso, una vez que la investigación histórica demostrara sin lugar a dudas que se trataba de un pecio, un buque de Estado, perteneciente al Estado español.

En cuanto a la declaración de los buques y aeronaves de Estado, en teoría sometidos a la soberanía de su Estado originario, constituye un aspecto polémico, ya que abre la puerta al Estado español a requerir la propiedad de pecios sumergidos en aguas territoriales no españolas. En realidad, las leyes nacionales de patrimonio permiten la intervención en las zonas marítimas sobre las que un país ejerce soberanía y jurisdicción, pero también se dan casos en los que existe el derecho a reclamar jurisdicción por medio de las leyes nacionales y el derecho internacional. Este aspecto se ha visto reflejado, por ejemplo, en las circunstancias que rodean el caso del galeón San José.

Este galeón español fue construido en 1698 en los astilleros de Mapil por un importante constructor de la época, Pedro de Aróstegui, a cuya escuela perteneció el reconocido Antonio de Gaztañeta e Iturribalzaga, quizás uno de los constructores navales españoles más importantes del siglo XVII. Este barco, que sirvió como nave capitana de la flota de Tierra Firme de 1706, hundido en la batalla de Barú en 1708, es un ejemplar patrimonial único que merece ser estudiado con un proyecto científico profesional. Su descubrimiento en 2015 lo envolvió en una polémica legal que se debate entre su estudio y musealización como patrimonio de Colombia, que es, al estar en sus aguas jurisdiccionales, una especulación privada y política, enturbiada por los intentos de la empresa inglesa Maritime Archaeology Consultant (MAC) de poseer los permisos para excavar y extraer materiales y para comercializar objetos del yacimiento.

La Convención de la Unesco de 2001 y las leyes de patrimonio en España

En el caso español, el Gobierno ratificó la Convención de la Unesco de 2001 confirmando su aplicación en España en 2005. En 2009 entró en vigor al publicarse en el *Boletín Oficial del Estado* (*BOE*). Su aplicabilidad conlleva una serie de principios y obligaciones, entre los cuales los puntos más importantes hacen referencia a la prohibición de la comercialización de los restos arqueológicos localizados, su protección jurídica y la obligación de conservarlos. De acuerdo a los manuales de buenas prácticas arqueológicas, también el Estado y las instituciones deben velar para que los yacimientos sean respetados, manteniendo en la medida de lo posible la preservación *in situ* de los restos y materiales. Además, los yacimientos deben ser estudiados y tratados científicamente, siempre por expertos que reconozcan sus capacidades y formación expresa. Es de gran importancia establecer también una adecuada vía de colaboración entre países, algo que en el caso español podría ser excepcional debido a la enorme cantidad de yacimientos marítimos y subacuáticos relacionados con la historia de la navegación española, la cual afecta también al patrimonio y a la historia de muchos otros países.

En España existe un Plan Nacional de Protección del Patrimonio Cultural Subacuático (PNPPCS); además, se elaboró el *Libro Verde* y un detallado proyecto para llevar a cabo las normativas establecidas en la Convención. Este Plan Nacional fue aprobado el 11 de octubre de 2007 y, básicamente, requiere una coordinación, cooperación e integración logística entre el Estado y las comunidades autónomas, las cuales tienen delegadas, entre sus competencias, la capacidad para monitorizar, proteger y estudiar sus áreas arqueológicas. El PNPPCS fue aprobado por el Consejo del Patrimonio Histórico, un comité de coordinación técnica entre los centros y unidades de arqueología subacuática de las distintas comunidades autónomas. Esta comisión técnica de arqueología subacuática del Plan Nacional se reúne regularmente desde 2007 para organizar medidas de análisis y protocolos de actuación, especialmente ante la toma de decisiones que afectan al patrimonio sumergido, tal como sucedió recientemente con el yacimiento del pecio fenicio Mazarrón II. Este yacimiento, localizado en 1995, se corresponde con un barco datado hacia la segunda mitad del siglo VII a. C. Un minucioso estudio arqueológico llevado a cabo gracias a la colaboración entre la Universidad de Murcia, a través de un convenio con la Universidad de Valencia y en colaboración con Ministerio de Cultura y Deporte, a través del Museo ARQVA, ha determinado que el barco Mazarrón II debe ser objeto de una cuidada extracción del fondo marino y musealizado con el fin de preservar su existencia.

El PNPPCS fue resultado de las decisiones del Consejo del Patrimonio Histórico, tomadas en noviembre de 2007. El resultado del grupo de trabajo creado a tal efecto fue la redacción del *Libro Verde*, que salió a la luz en 2009. También, el 21 de diciembre de 2011 se firmó un convenio similar con el Ministerio del Interior dirigido principalmente a la aplicación del programa SIVE (Sistema Integral de Vigilancia exterior) a la protección del patrimonio arqueológico subacuático. En julio de 2009 se firmó el convenio con el Ministerio de Defensa, cuyo objeto era aunar esfuerzos para poder proteger mejor el patrimonio cultural subacuático nacional. Se establecieron compromisos institucionales con el objetivo de crear programas de gestión integrado, impulsar planes de formación, establecer protocolos de actuación en caso de obras de infraestructuras portuarias, así como acuerdos entre los ministerios de Cultura, Defensa y de Asuntos Exteriores, dependiendo de las acciones de defensa en aguas territoriales españolas o en aguas de terceros países o internacionales. En fecha del 31 de agosto de 2011 se firmó el Acuerdo de Colaboración entre el Ministerio de Cultura y Deporte, el Ministerio de Asuntos Exteriores y la Agencia Estatal de Cooperación Internacional al Desarrollo. Además, existe un compromiso para declarar como bien de interés cultural las zonas arqueológicas más emblemáticas. Estos convenios sirven de marco para establecer mecanismos de colaboración y coordinación permanente entre dichos ministerios en el ámbito de la protección de este patrimonio, en especial cuando se encuentra en aguas internacionales o en aguas sometidas a la soberanía o jurisdicción de terceros países. De hecho, está contemplado en el articulado y el anexo de la propia Convención de 2001 que los países firmantes establezcan mecanismos de cooperación en la preservación y estudio de ese patrimonio, donde se destaca el imperativo de la no explotación comercial. La Unesco exhorta a los Estados que aún no han firmado la Convención a realizarlo.

A pesar de la existencia relativamente reciente de estos planes nacionales y programas orientados al cumplimento de las normativas de protección de yacimientos, puede decirse que, desde la perspectiva legal e institucional, existen importantes antecedentes. En general, el origen de las leyes sobre patrimonio histórico se puede remontar a las academias creadas en el siglo XVIII, como la Real Academia de Bellas Artes de San Fernando. A lo largo del siglo XIX se crearon leyes específicas para la conservación de monumentos, pero fue el siglo XX el que asistió a un despliegue legislativo. La Ley del Patrimonio Histórico Español de 1985 aglutina conceptos y atribuciones más modernas y ampliadas a diversos ámbitos, pero que aún recogen la idea subyacente en la Constitución de 1978. Posteriormente, en el marco referencial de la Ley 16/1985, de 25 de junio, del Patrimonio Histórico Español, se especificaron las competencias en materia de patrimonio que poseen las diversas comunidades autónomas.

Por desgracia, la arqueología estuvo tradicionalmente relacionada con los buscadores de "tesoros" y ello no era menos para la arqueología subacuática. A pesar de esta larga evolución jurídica, las buenas intenciones legislativas no protegieron del todo los yacimientos tanto en tierra como en mar. Sin embargo, fue a partir de la promulgación de estas pioneras leyes cuando empiezan a incluirse consideraciones de patrimonio cultural a diversos cuerpos históricos, producto de manifestaciones culturales a lo largo del tiempo, desde lo artístico e industrial hasta la arquitectura, los monumentos y todas aquellas manifestaciones significativas de la civilización humana, dando como resultado que, por fin, el mar y los bienes materiales en cuerpos de agua formaran parte de la categoría de patrimonio.

Patrimonio cultural y paisajes subacuáticos: conceptos

Es curioso señalar como la denominación y concepto de patrimonio cultural ha sido cambiante y se ha visto sometido incluso a intereses políticos o económicos. El Patrimonio Cultural Subacuático Español (PCSE) o Patrimonio Arqueológico Subacuático (PAS) es aquel que, de acuerdo a la legislación vigente sobre patrimonio arqueológico, se encuentra en las aguas continentales y exteriores, así como en las áreas marítimas sobre las que España ejerce soberanía y jurisdicción. La propia Convención de 2001 define este patrimonio cultural subacuático como cualquier rastro de existencia humana que tenga un carácter cultural, histórico o arqueológico y que haya estado relacionado con el mar. Esta prerrogativa jurisdiccional puede quedar extendida, según el caso, a aquel patrimonio que requiera ejercer o invocar reclamación por medio de las leyes y el derecho internacional cuando, por sus características (como los anteriormente citados buques de Estado), lo necesite.

El patrimonio subacuático también queda incluido dentro de la definición de patrimonio arqueológico, en el artículo 40 de la Ley del Patrimonio Histórico Español (LPHE), como bienes muebles o inmuebles de carácter histórico susceptibles de ser estudiados con metodología arqueológica, hayan sido o no extraídos y tanto si se encuentran en la superficie o en el subsuelo, en el mar o en la plataforma continental. Actualmente, se utiliza más el término patrimonio cultural o bien cultural que tiene más amplitud, aunque el término bien cultural empezó a ser utilizado por la Unesco en la Convención de La Haya en 1954 y en 1980, en Belgrado, se introdujo el concepto de patrimonio inmaterial. En París, el 17 de octubre de 2003 se materializa también la Convención para la Salvaguardia del Patrimonio Cultural Inmaterial, que afecta a las narrativas y memorias históricas heredadas de la experiencia de las sociedades humanas en interacción con el océano. La evolución de estos conceptos se debe a una derivación de la propia idea de patrimonio, o herencia cultural o artística, a una dialéctica evolutiva entre el ser humano, el medio, la comunidad, la sociedad o el territorio, que produce y reproduce, regenera y crea de generación en generación, nuevos patrimonios. Esa es la herencia inmaterial, la memoria intangible, también paralela, complementaria al estudio arqueológico, de los bienes materiales en sí mismos.

Los restos arqueológicos sumergidos están relacionados también con la idea de patrimonio cultural y natural, enclavados en un paisaje marítimo y subacuático. Tal como afirmaban los padres del medioambientalismo moderno, Henry David Thoreau y John Muir, "*in wilderness is the preservation of the world*" (en el desierto se conserva el mundo), unos restos arqueológicos también pueden formar parte de la propia naturaleza en sí, y la protección de esta junto con el paisaje antrópico deben ser respetados y analizados al unísono como parte de la comprensión del pasado histórico. Un pecio, en un yacimiento sumergido, es parte de la belleza del entorno natural, pero, además del paisaje, es el resultado de la interacción de factores naturales y humanos. La idea de paisaje cultural integra el patrimonio natural, el cultural (material e inmaterial) y el antropológico al ser consecuencia directa entre la geografía y el ser humano modelados a partir de unos procesos culturales. Como concepto, el paisaje cultural fue definido en el Convenio

Europeo del Paisaje que tuvo lugar en Florencia en 2000 y, como resultado de la Convención para la Protección del Patrimonio de la Unesco, fue aprobado en París en 1972. Se aplica a los yacimientos sumergidos o costeros al hablar de *seascape* o paisaje marítimo. Este concepto de paisaje cultural marítimo también hace referencia a toda la red de rutas de navegación con puertos, refugios y áreas costeras, así como sus construcciones y el uso de recursos relacionados con la actividad humana.

Instituciones

En España existen instituciones estatales encargadas de supervisar estas cuestiones relacionadas con la protección de paisajes marítimos y arqueológicos, así como de vigilar que se cumplen las leyes de patrimonio. En España existe la Subdirección General de Protección del Patrimonio Histórico, de acuerdo a las leyes del Real Decreto del 24 de abril de 1985, donde se creó la estructura orgánica básica del Ministerio de Cultura y sus organismos autónomos. Destaca también el Registro de Bienes de Interés Cultural, un inventario de bienes muebles en colaboración con las comunidades autónomas. A pesar de las atribuciones que en materia de patrimonio tienen las comunidades autónomas, la Constitución española atribuye al Estado la responsabilidad de luchar contra el expolio y controlar la exportación de bienes. Existen también otras instituciones como el Instituto del Patrimonio Cultural de España (IPCE), una subdirección general adscrita a la Dirección General de Bellas Artes, del Ministerio de Cultura y Deporte, cuyo cometido es la investigación, conservación y restauración de los bienes que conforman el patrimonio cultural.

El IPCE lleva a cabo una compleja labor orientada a una perspectiva multidisciplinar, que integra arquitectos, arqueólogos, etnógrafos, restauradores, físicos, geólogos, químicos, biólogos, documentalistas, informáticos, bibliotecarios, archiveros y conservadores, entre otros. Se cumple así una tarea que emana del compromiso social, de naturaleza constitucional, de la

Administración General del Estado, junto con el resto de las Administraciones públicas, para la preservación y enriquecimiento del patrimonio cultural, la cual también se aplica en el caso de bienes materiales y culturales de procedencia subacuática. En este caso, técnicos especializados desempeñan trabajos consistentes en la planificación y gestión de las intervenciones arqueológicas, tanto terrestres como subacuáticas, vinculadas a las actuaciones de conservación y restauración de bienes culturales de propiedad o gestión de la Administración General del Estado. Tienen la prerrogativa de llevar a cabo estudios e investigaciones de carácter histórico-arqueológico de estos bienes patrimoniales, supervisar las actuaciones arqueológicas, así como colaborar con los centros de arqueología subacuática de las comunidades autónomas. El PNPPCS aglutina el campo de acción de estas entidades e instituciones con el fin de establecer medidas concretas destinadas a la protección, conservación y difusión del patrimonio subacuático mediante la coordinación de todos los departamentos y Administraciones públicas destinadas a esta protección. Asimismo, por razones históricas y éticas, la Armada es también una institución participante de forma activa en la salvaguarda del patrimonio. Las leyes otorgan a la Armada española la capacidad de colaborar en proyectos de arqueología y en la protección de yacimientos.

Normalización de la arqueología subacuática en España y las competencias autonómicas

La normalización de la arqueología subacuática en España tiene una larga trayectoria. De hecho, las leyes actuales, así como el propio compendio legislativo internacional relacionado con la propia Convención de 2001 está basado en un trabajo legislativo llevado a cabo por la comunidad científica de diversos Estados que se inició en 1976 como resultado de cuatro reuniones intergubernamentales de los 193 Estados miembros de la Unesco. Ya antes del año 2000 existía un afán de proteger el patrimonio sumergido, de prevenir la destrucción de sitios arqueológicos bajo el mar y de regular la cooperación entre los Estados con el objeto de armonizar métodos estándar de intervención. Tanto leyes como manuales de buenas prácticas arqueológicas aplicaban leyes semejantes a aquellas que protegen el patrimonio histórico en tierra.

Algunos expertos consideran, sin embargo, que la aplicación de estas cuestiones debe estar acorde con el ambiente acuático y sumergido de este patrimonio. No es baladí que los primeros patronatos sobre arqueología subacuática se crearon, precisamente, en la década de 1970 en Gerona, Cartagena, Baleares y Ceuta. En 1982 se inauguró el Museo y Centro Nacional de Investigaciones Arqueológicas Subacuáticas en Cartagena, que es actualmente el ARQVA. En la década de 1990 se crearon centros oficiales de arqueología subacuática: en Cataluña, el CASC, en 1992; en la Comunidad Valenciana, el Centre d'Arqueologia Subaquàtica de la Generalitat Valenciana, en 1996, y en Andalucía, en 1997, el Centro Andaluz de Arqueología Subacuática, dependiente del Instituto Andaluz del Patrimonio Histórico de la Junta de Andalucía.

En la Región de Murcia las investigaciones surgen de la estrecha colaboración que se lleva a cabo entre la Administración autonómica y el Ministerio de Cultura y Deporte a través del ARQVA. La labor de estos centros es la de gestionar, proteger, investigar y divulgar el patrimonio histórico sumergido en el litoral de las comunidades a las que pertenecen. Distintas leyes con similares características se crearon en los Gobiernos autonómicos: en Galicia, la Ley 8/1995, de 30 de octubre; en Asturias, la Ley 1/2001, de 6 de marzo. En Andalucía, la Ley 14/2007, de 26 de noviembre, acoge los bienes susceptibles de ser excavados con una metodología arqueológica y la capacidad de declarar legalmente zona arqueológica a espacios delimitados donde se hallen restos relevantes. También en Andalucía una resolución del 17 de enero de 2008 (BOJA n° 48, de 10 de marzo de dicho año) declara la incoación de procedimiento para la inscripción en el Catálogo General del Patrimonio Histórico Andaluz, como Bienes de Interés Cultural con la tipología de zona arqueológica.

Los centros autonómicos de arqueología subacuática disponen o deberían disponer de todos los medios para desarrollar la labor de documentación y protección del patrimonio arqueológico sumergido. En estos centros se han llevado a cabo la realización de cartas arqueológicas subacuáticas, el control de diversos dragados, así como tareas de divulgación. En otras regiones costeras y marítimas de la geografía española no existen centros autonómicos en sí, pero sí poseen organismos e instituciones que llevan a cabo importantes labores de investigación marítima y subacuática del patrimonio. En Cantabria, las labores de arqueología subacuática, centradas fundamentalmente en el patrimonio marítimo de época moderna, están ligadas al Museo Marítimo del Cantábrico desde 1981. En 1983 se constituyó el LIAS (Laboratorio para Investigaciones Arqueológicas Subacuáticas), institución privada con sede en dicho museo. Desde 2005 la Consejería de Cultura del Gobierno de Cantabria cuenta con una sección de arqueología que incluye personal con formación y experiencia específicas en arqueología subacuática. Estas actividades están vinculadas a la Dirección General de Cultura del Gobierno regional. En la comunidad balear, las competencias en patrimonio arqueológico son asumidas por los respectivos consejos insulares de cada isla, al igual que en las islas Canarias. En estos casos, se llevan a cabo proyectos puntuales y, generalmente, los trabajos se desarrollan respetando el Plan Nacional de Arqueología Subacuática, aprobado el 11 de octubre de 2007. Entre sus medidas figura la importancia de elaborar cartas arqueológicas subacuáticas, así como impulsar los planes de formación.

Conservación *in situ*, divulgación y planes de prevención

El arqueólogo Xavier Nieto (1999) contemplaba la habitual aceptación del año 1950 como fecha clave en la consideración del barco hundido como un documento histórico. El barco como yacimiento subacuático y por su carácter patrimonial es uno de los objetivos más claros e importantes en esta legislación relacionada con los bienes culturales sumergidos relacionados con la historia de España. Forma parte de los planes de la Convención de la Unesco, que es hasta el momento la regulación jurídica internacional más importante al respecto. El cuerpo normativo de la Unesco establece en sus manuales la importancia de la preservación *in situ* y la negativa a la explotación comercial con fines lucrativos de esta tipología de yacimientos, consolidando una tradición conservadora y la naturaleza de los pecios como bienes de dominio público y, por ende, inalienables. Tanto el Plan Nacional de Arqueología Subacuática, aprobado el 11 de octubre de 2007, como el posterior PNPPCS, aprobado el 30 de noviembre de 2007 por el Consejo de Ministros, reúnen un decálogo de medidas que aglutinan todo el proceso de actividades relacionadas con la investigación y excavación arqueológica marítima o subacuática. Estas medidas hacen referencia a los procesos de documentación para la identificación potencial de los yacimientos, en su caso, y siempre en la medida que sea posible. Ello se lleva a cabo solo por medios científico-técnicos que deben ser realizados por profesionales de la arqueología y la historia, pero también incluyen a otros expertos de las ciencias arqueológicas que usen cualquier metodología de datación e identificación. El PNPPCS también destaca el proceso necesario que se puede llevar a cabo para afrontar la protección física y jurídica, la cual implica la coordinación con todas las Administraciones implicadas o Gobiernos autonómicos correspondientes. Ello dio lugar, entre otras actuaciones, a la firma de convenios con las comunidades autónomas, principalmente encaminadas a la elaboración de cartas arqueológicas sobre yacimientos marítimos y subacuáticos, así como la identificación de áreas arqueológicas potenciales.

El PNPPCS también otorga capital importancia a la divulgación. Dar a conocer este patrimonio es parte de la responsabilidad de científicos, instituciones y del público en general, aparte del deber indiscutible que existe por parte de la ciudadanía de dar noticia e información de cualquier hallazgo susceptible de ser patrimonial. Precisamente en el preámbulo de la Convención de la Unesco se insiste en que "el público tiene derecho a gozar de los beneficios educativos y recreativos que depara un acceso responsable y no perjudicial al patrimonio cultural subacuático *in situ* y que la educación del público contribuye a un mejor conocimiento, aprecio y protección de ese patrimonio, entre otros aspectos".

Con el objeto de dar a conocer este patrimonio sumergido, se están potenciando los parques arqueológicos e itinerarios sumergidos. Se han llevado a cabo en Italia con éxito al estar tutelados desde la perspectiva de una doble competencia, la arqueológica y la medioambiental. Estos ejemplos son los parques sumergidos de Baia y de Gaiola (Campania) y el yacimiento arqueológico de Gala Gadir en Pantelería (Sicilia). El Centro Nacional de Arqueología Náutica y Subacuática (CNANS), en Portugal, tiene tres itinerarios subacuáticos: el Ocean Revival Underwater Park (Algarve); el Faro A, abierto en 2003 sobre un pecio de finales del siglo XVII, y el itinerario de Pedro Numes/Thermopylae. También hay diversas experiencias en Australia, Estados Unidos (especialmente en Florida), en Sudáfrica y en Sudamérica, con casos en Colombia (Tierra Bomba) y en Argentina bajo el auspicio del Instituto Nacional de Antropología y su programa de Arqueología Subacuática (PROAS), en la península de Valdés en la Patagonia.

A pesar de que otros modelos, como la musealización, no se rechazan totalmente, se considera más adecuado permitir que los yacimientos queden en los lugares donde fueron encontrados para su estudio y excavación científica. Es cierto que la musealización es mucho más costosa y problemática debido a diversos factores que van desde los recursos necesarios para una extracción de una gran estructura del fondo marino a cuestiones de conservación de los materiales. Esta última ciencia, la conservación de materiales de procedencia subacuática para su estudio en laboratorios, aún requiere de más investigación, especialmente, en relación con los problemas derivados de la conservación de la madera que ha estado mucho tiempo sumergida.

Ese problema existe y es bastante preocupante como se ha tenido la ocasión de comprobar en el caso del museo dedicado al navío de guerra sueco Vasa. La extraordinaria visión de aquellos que visiten este museo abierto al público presenta un problema para los arqueólogos y conservadores del centro debido a la evolución del estado de su madera. La madera procedente de ambientes anóxicos y llenos de agua mantiene su estructura, pero la puede llegar a perder, agrietarse y encogerse. A pesar de los tratamientos que se han aplicado a las maderas del Vasa, entre los cuales está el polietilén glicol (PEG), una cera sintética con capacidad para penetrar en la madera sustituyendo el agua y evitando la destrucción de la celulosa, la enorme estructura en conexión de este barco está aún en peligro de preservarse adecuadamente. Solo los avances científicos en materia de conservación de materiales lograrán algún día encontrar una solución que sirva para proteger cualquier embarcación o restos de madera arqueológica extraída del fondo marino.

Más allá de los itinerarios y parques arqueológicos sumergidos, existen algunas iniciativas de museos subacuáticos y virtuales que permiten el acceso de buceadores con equipo autónomo o con *snorkel*. Diversos factores, como la integridad de los sitios arqueológicos, las oportunidades de excavación o el surgimiento de una nueva forma de turismo subacuático por la extensión de las empresas de buceo deportivo, inciden en la necesidad de organizar proyectos bien estructurados sobre estos yacimientos arqueológicos que, además, contribuyan a su protección sistemática y su estudio científico sin poner en peligro la integridad de este patrimonio. Otro problema es que los sitios arqueológicos están, a veces, sometidos a peligros externos (generalmente la presencia humana) y naturales (agresión del propio entorno marítimo).

En líneas generales, la acción humana es el mayor peligro para estos yacimientos, que se refleja en la acción de empresas de cazatesoros, explotación comercial, expolio individual de algunos buceadores que se dedican a recoger objetos como si de recuerdos se tratara, fondeos, obras marítimas o incluso la pesca de arrastre o la minería. Lamentablemente, la falta de respeto por parte de diletantes y aficionados al buceo deportivo, que tienden a llevarse objetos de los fondos marinos sin previo reconocimiento, vulnera los yacimientos que pierden su integridad para siempre. Es imperante que el patrimonio subacuático sea visible, señalizándose de manera apropiada, como en casos conocidos en Australia o en Reino Unido, donde existen boyas que señalan la ubicación de un yacimiento protegido.

Ya hemos indicado que el *Libro Verde* es el resultado de un consenso entre instituciones y Gobiernos autonómicos con el fin de establecer programas de documentación, elaboración de inventarios y levantamiento de cartas arqueológicas, con un destino claro hacia la protección, gestión y divulgación. El *Libro Verde* sigue en todo momento lo establecido en el anexo de la Convención de Patrimonio Cultural Subacuático de la Unesco. Siguiendo la propia definición del artículo 1 de la Convención sobre patrimonio subacuático, el objetivo de estudio y análisis también incluye los cargamentos, sin mención ni relación con su valor, propósito o destino final. Las normativas requieren la aplicación de una metodología acorde con los condicionamientos geográficos y del sitio arqueológico en cuestión. La conservación *in situ* como primera opción basada en la importancia que tiene la interacción entre el yacimiento, su historia y su contexto ambiental y espacial. Rocío Castillo Belinchón (2009) expuso unas extraordinarias convicciones sobre las razones para defender esta primera norma de conservación *in situ*. Por otra parte, conocer las experiencias del Vasa o del Mary Rose y su proceso de musealización requiere de una elevada financiación, así como un programa perfeccionado de conservación posexcavación. En consecuencia, lo más recomendable y aceptable sería tener prudencia y dar prioridad a que el yacimiento permanezca en su espacio original con una eventual recuperación de objetos y artefactos, previo registro concienzudo, y una excavación parcial del yacimiento con el fin de responder a las preguntas de investigación.

Antes de llevar a cabo cualquier intervención, de la modalidad que sea, desde la prospección a la excavación es siempre obligatoria la tramitación de la pertinente autorización de actividades. La entidad encargada de autorizar las actividades debe mantener la opción de la conservación *in situ* de los bienes culturales. Es siempre necesaria la autorización por parte de una autoridad competente, tal como se declara en el artículo 22 de la Convención, es decir, autoridades competentes, declaradas por el propio Estado, de un país que ha firmado la citada Convención.

Los yacimientos arqueológicos subacuáticos son de dominio público bajo el control de estas autoridades competentes, que deben garantizar y monitorizar cualquier actividad que se realice en ellos. Además, las actividades en yacimientos, especialmente en el caso de las excavaciones, que implican siempre una alteración o incluso destrucción del medio, solo son aceptables si el estudio responde a una necesidad o a una buena razón. Se debe tener en cuenta su posible contribución a la propia protección del patrimonio, a su conocimiento o al avance de la propia ciencia arqueológica en sí. La excavación siempre se debe hacer por profesionales, ya que, si está mal planteada, puede derivar en la destrucción total del pasado histórico relacionado con el yacimiento. Una intervención por aficionados puede dar lugar a un problema sin solución y destruir bienes que son irrecuperables. Es necesario establecer proyectos de arqueología preventiva con el fin de identificar y gestionar áreas patrimoniales importantes. Esto conlleva la realización de proyectos planificados de desarrollo en zonas que albergan yacimientos arqueológicos e incluirlos en los planes de ordenación territorial. Estos planes se han llevado a cabo de forma exitosa en algunos países como Colombia, a través del ICANH (Instituto Colombiano de Antropología e Historia), o en Chile, en el Instituto de Arqueología Náutica y Subacuática.

En muchas ocasiones, esta arqueología preventiva está asociada estrechamente con la obra marítima y costera, cuyas labores hacen inviable en ocasiones que los yacimientos permanezcan intocables y a salvo de la acción antrópica sobre el medio. En muchas ocasiones, las obras portuarias incluyen el coste de atenuación del impacto de las obras. En los países que forman parte de la Convención Europea sobre la Protección del Patrimonio Arqueológico adoptada por el Consejo de Europa en 1992, este aspecto está regulado por la ley, tanto en obras civiles terrestres como en obras marítimas y portuarias.

En el caso de las obras marítimas y costeras, como la ampliación de puertos o las obras, en general, que afectan incluso a las propias líneas de la frontera entre el mar y la tierra, es necesario tener en cuenta tanto los intereses sociales, políticos y económicos, así como la protección del patrimonio.

En España, la Unesco ha declarado como ejemplares seis proyectos de arqueología subacuática, registrados como casos de uso de buenas prácticas. Algunos de ellos son los proyectos de excavación del Bou Ferrer (Villajoyosa), dos yacimientos de Port de la Selva: Deltebre I y Cala Cativa (Cataluña), así como la legislación adoptada por la Consejería de Cultura andaluza para la protección de sitios amenazados. En el caso del Bou Ferrer, este yacimiento, relacionado con el pecio de una nave mercante romana naufragada entre el 64 y el 68 d. C., basa su alto valor en la dimensión y reconocimiento internacional de su equipo de investigación; en el programa de visitas turísticas subacuáticas, importantes para la divulgación y la concienciación de este patrimonio en el marco de la Conselleria de Educación, Cultura y Deporte de la Comunidad Valenciana, y en que, además, es uno de los yacimientos pilares del Plan de Arqueología Subacuática en esta comunidad. Este barco transportaba miles de ánforas con un cargamento de salsas de pescado (unas exquisiteces de la época) así como lingotes de plomo con marcas que demuestran que eran propiedad personal del emperador Nerón.

Visiones comparativas

Es interesante establecer una visión comparativa con las leyes de protección que se llevan a cabo en otros países. Por ejemplo, en América, varios países han firmado la Convención de la Unesco, como Argentina, México, Panamá, Paraguay, Ecuador, Granada o Cuba. También han firmado la Convención países como Haití, Trinidad y Tobago, Barbados, Jamaica, San Cristóbal y Nieves, San Vicente y las Granadinas, Santa Lucía, Antigua y Barbuda. Todos ellos son países con un rico patrimonio histórico en sus aguas territoriales y que están amenazados de peligro inminente.

En Europa, Reino Unido, que no ha firmado la Convención de la Unesco, sí tiene, no obstante, su propia política para la conservación, protección y estudio de los yacimientos arqueológicos subacuáticos y marítimos. La Protection of Wrecks Act de 1973 es una ley del Parlamento de Reino Unido que protege los yacimientos de pecios catalogados por su valor histórico, arqueológico o artístico. Sin embargo, esta ley de protección tiene sus fisuras legales. Para ser designados como patrimonio, los pecios deben tener una ubicación conocida. Una vez designados, se marcan en las cartas del almirantazgo y su ubicación física se señala a veces mediante una boya o paneles informativos en puntos cercanos en tierra.

En Reino Unido está considerado un delito penal interferir en un pecio designado en virtud de esta ley sin una obtención previa de licencia. Estas licencias deben ser separadas en virtud de cada acción, desde un simple buceo hasta la recuperación de artefactos, y deben ser solicitadas a las autoridades competentes en la materia. Aparte de estas leyes, existen en Reino Unido diversos centros de arqueología marítima y subacuática profesional, como el Maritime Archaeology Trust, en Southampton. En Australia, se emitió en 1976 el Australian Historic Shipwreck Act, con atribuciones similares. En Estados Unidos, sin embargo, se ha dado libertad a las empresas privadas, muchas de ellas no profesionales de la arqueología propiamente dicha, sino del buceo deportivo o profesional, dedicada a *salvage* o rescate de restos.

En otros países europeos, como es el caso francés con el DRASSM, existen instituciones importantes para el estudio y protección del patrimonio marítimo. Aparte de leyes y centros arqueológicos en todo el mundo, existen también una serie de organizaciones, como el Consejo Internacional de Monumentos y Sitios (ICOMOS), conectado con la Unesco, encargado de vigilar la conservación de monumentos y restos patrimoniales. En 1991, ICOMOS fundó el International Committee on the Underwater Cultural Heritage (ICUCH) con el fin de promover una cooperación internacional indispensable para aplicar políticas científicas en el estudio y protección del patrimonio arqueológico marítimo y subacuático.

CAPÍTULO 6

Bajo el mar: del Nautilus a una narrativa histórica de naufragios

Julio Verne imaginó una vida bajo el mar en su obra *Veinte mil leguas de viaje submarino* (1869-1870). La lectura de esta novela, que fue llevada al cine en 1916, demostró al gran público que existe un universo bajo el mar. En esta película los hermanos Williamson idearon un sistema para filmar peces bajo el agua y a un buzo caminando sobre el fondo marino. El perfeccionamiento de las técnicas de fotografía y filmación submarina alentaron el afán de conocer los fondos oceánicos. En 1923 se data la primera fotografía subacuática en color y, posteriormente, en la década de 1950, se producen las primeras carcasas para almacenar una cámara fotográfica y usarla bajo el mar. Los fondos marinos pasaron a convertirse en escenas reales en el imaginario colectivo, como las imágenes recreadas en la obra de Jacques Cousteau *El mundo del silencio* (1953).

Albert Falco, uno de los 12 buceadores del buque oceanográfico Calypso, se convirtió, junto al también buceador Claude Wesly, en el primer oceanauta de la historia tras haber permanecido en el fondo del mar, en una localización cercana a la bahía de Marsella, durante siete días en septiembre de 1962. La película *Sexto continente*, dirigida por Folco Quilici y estrenada en el cine en 1954, fue el primer largometraje documental submarino en color. Filmada en el mar Rojo, a modo de diario científico, mostraba los bosques de coral en una bella fotografía subacuática. Quilici llegó a realizar otros documentales, como *Océano* (1971), con una banda sonora de Ennio Morricone, que muestra con detalle los mares de la Polinesia.

Actualmente, los medios técnicos para fotografiar y visualizar en movimiento el fondo marino han puesto a disposición de los científicos y del público en general la posibilidad de contemplar también el rico y misterioso patrimonio histórico existente en las profundidades marinas. Así, las visiones de naufragios son ahora algo más que literatura y antiguos testimonios relacionados con los desastres marítimos. En la actualidad, es posible visualizar el paisaje subacuático para afrontar estudios reales, y no solo literarios, del patrimonio derivado de la experiencia humana. El cine y la literatura han recreado el naufragio como evento catastrófico, pero también como producto de un paisaje submarino romántico y melancólico. El propio Julio Verne describió un paisaje en el fondo marino producto de un naufragio. En este caso, la leyenda submarina ha sobredimensionando un acontecimiento real. El autor describe una metáfora literaria del hundimiento de la flota de Nueva España del almirante y general Manuel de Velasco y Tejada durante una batalla acaecida en 1702 en el estrecho de Rande, en la ensenada de San Simón (ría de Vigo). El galeón que transportaba los caudales procedentes del comercio con los entonces reinos de Indias, el Santo Cristo de Maracaibo, se hundió cerca de las islas Cíes, dando lugar a una leyenda polémica que atrajo a una empresa buscadora de tesoros, que, sin pedir los permisos pertinentes a las autoridades, llevaron a cabo prospecciones y excavaciones ilegales. Es aún poco conocido que la investigación histórica ha desmentido esta leyenda demostrando que parte de los caudales transportados a bordo de la flota fueron conducidos a Madrid y que, incluso, gran parte de los retornos en plata de los cargamentos de la flota pertenecían a mercaderes extranjeros de Cádiz, especialmente holandeses, como confirman documentos inéditos existentes en el Archivo Nacional de La Haya. Este es un caso triste de que, a veces, por desgracia, la leyenda creada en torno al naufragio puede llegar a vencer al rigor histórico y arqueológico. Julio Verne contribuyó a la quimera describiendo su particular y poética visión de la batalla y localizando en el escenario de esta la fuente de aprovisionamiento de oro del capitán Nemo.

Los naufragios han alimentado la literatura por la dosis de aventura que conllevan, aunque fueran un auténtico infierno en el momento del desastre. En 1526 se produjo el hundimiento de la flota del capitán Pedro Serrano, que se salvó llegando a nado a una isla coralina situada a 220 millas de Nicaragua. Su historia fue contada por el Inca Garcilaso de la Vega en sus *Comentarios reales* (1609) y por el propio Serrano cuando fue rescatado ocho años después. Hoy ese banco coralino se llama Serrano Bank y la historia de Pedro Serrano es quizás la que inspiró a Daniel Defoe para su *Robinson Crusoe*. Gabriel García Márquez evoca también el hundimiento en 1708 del galeón San José en *El amor en los tiempos del cólera* (1985). Su relato nos ofrece otra bella imagen de la poética del naufragio. Pero la realidad de este importante yacimiento no es tan romántica.

El pecio del galeón San José se encuentra en aguas jurisdiccionales colombianas y ha sido objeto de un continuo acercamiento por parte de empresas privadas que amenazan con su expolio total o parcial. Ya en 1980, la propia Dirección Marítima de la Armada Nacional de Colombia otorgó una licencia a una empresa norteamericana que llevó a cabo una prospección de la zona con el submarino Auguste Piccard. Desde entonces, se han cedido derechos a otras empresas, como la Sea Search, ubicada en las islas Caimán. A pesar de la lucha mantenida por profesionales de la arqueología subacuática en Colombia, la situación del San José es aún incierta.

Los restos de naufragios situados bajo las aguas entrelazan la dinámica de la arqueología y la historia. Históricamente, estamos hablando del naufragio y describiéndolo, el evento y sus consecuencias; arqueológicamente, nos referimos al pecio, restos derivados de la formación posdeposicional del barco hundido, que forma, así, el yacimiento. El naufragio, como evento histórico, es el acontecimiento por el cual un conjunto de artefactos altamente organizado y dinámico se transforma en un estado estático y desorganizado con estabilidad a largo plazo. El naufragio no es un sistema cerrado, sino una transformación a lo largo del tiempo y que emerge como resultado de la excavación arqueológica.

La consideración del barco como artefacto patrimonial lo ha colocado en el objetivo principal de los estudios arqueológicos relacionados con el mar a varios niveles. Para los barcos de la Edad Moderna se dispone de una enorme cantidad de información documental en archivos que aportan detalles sobre los eventos que rodean los naufragios, analizando diversos aspectos, desde las cuestiones puramente navales hasta la descripción de las pequeñas sociedades que se desplazaban a bordo de los navíos en determinados momentos históricos. La documentación localizada en archivos de todo el mundo hace posible la reconstrucción histórica, aportando valores cartográficos, de localización del accidente marítimo, así como mucha otra información relativa a refugios naturales, puertos, zonas costeras y otros datos que aportan también una visión interdisciplinar interesante al estudio del barco histórico.

El accidente marítimo es producto de diversos factores que lo desencadenan. A partir de un análisis cuantitativo de naufragios, es posible calibrar un porcentaje aproximado de sus causas. Si analizamos los datos recogidos en los visualizadores cartográficos y SIG histórico-arqueológicos disponibles, es posible determinar que la mayor parte de los naufragios relacionados con el comercio atlántico hispanoamericano de los siglos XVI al XVIII se produjeron en un contexto geoclimático determinado. Las rutas de las flotas y galeones de la Carrera de Indias atravesaban el océano Atlántico hasta el Golfo-Caribe enfrentándose a diversas condiciones geográficas a su llegada a las costas de las islas Antillas y a la denominada Tierra Firme. En la zona del Caribe se alternaban las temporadas de huracanes con tormentas tropicales, especialmente en la zona del arco de las Bahamas, ruta que la flota tomaba con objeto de alcanzar de nuevo la dirección de los vientos alisios en su viaje de retorno.

La incidencia de huracanes en naufragios ha sido menos estudiada que en otros casos y no está del todo determinado si este impacto está relacionado o influyó en los problemas que el sistema comercial español tuvo en ciertas coyunturas históricas. Para comprobar esto, sería necesario analizar de forma comparada diversas variables y factores históricos y no solamente un análisis climatológico. Sin embargo, los agentes climáticos aparecen como uno de los factores provocadores de naufragios. Durante los casi tres siglos de la existencia de las flotas de Indias, los grandes galeones y navíos de línea fueron vulnerables a las grandes tormentas y huracanes. El hundimiento de diversas flotas durante la travesía del canal de Bahamas así lo demuestra.

El siglo XVII fue especialmente fatídico por la pérdida de flotas enteras y barcos como resultado de una combinación de escenarios bélicos, ataques piráticos y la incidencia de tormentas y huracanes. En 1622 se hundió la flota del marqués de Cadereyta en el estrecho de Florida. En ese mismo año se produjo el hundimiento, debido a un huracán, de la flota de Tierra Firme del general Juan de Lara Morán, compuesta por 17 naos y escoltada por una escuadra de galeones. El galeón Santa Margarita varó en la zona denominada Los Mártires, actualmente los Cayos de Florida. La nave almiranta de la flota, el galeón Nuestra Señora de Atocha, construido en La Habana en 1620, se hundió en el cayo Marquesas. El galeón Nuestra Señora del Rosario se hundió cerca de la isla Tortuga. Sobre este hundimiento circuló información sobre el cargamento de oro y plata, calculado en su época en más de cuatro millones de pesos, lo que provocó su expolio y musealización por la empresa de Mel Fisher.

Junto a los factores climáticos, las características geográficas de las zonas de navegación y, en ocasiones, una cierta falta de conocimiento de las condiciones del fondo marino constituyen dos aspectos que en muchas ocasiones van intrínsecamente relacionados. Otros factores pueden hacer referencia a cuestiones que podríamos llamar sociales, como el propio manejo de los barcos y la pericia o impericia del piloto. El conocimiento que pilotos y marinos pudieran tener del clima y de la geografía en cada momento histórico pudo ser quizás el factor más determinante de cualquier accidente o evento en la navegación que diese lugar al naufragio. En este último caso, el accidente también podía tener lugar debido al uso de barcos muy grandes que eran conducidos, por error o falta de cálculo, a zonas de arrecifes y aguas poco profundas o áreas de sedimentación reciente, que producían las temibles barras de arena móviles como las que existían en el río Guadalquivir, entre Sanlúcar de Barrameda y Sevilla.

Juan Escalante de Mendoza, en su *Itinerario de navegación de los mares y tierras occidentales*, una obra de 1575, ya advertía del peligro que tenían los grandes navíos de encallar y varar en tierra, en la entrada de estuarios o en geografías incógnitas. Esto fue algo muy común, por cierto, en los primeros siglos de la navegación oceánica y en los periodos de descubrimiento de tierras desconocidas por parte de los europeos. Escalante recomendaba navíos de no más de 100 toneladas, un tonelaje nimio en comparación con los grandes galeones que se construyeron a partir de la segunda mitad del siglo XVI. Hay que resaltar que las áreas de costa en época histórica no estaban realmente acondicionadas para el atraco de grandes barcos. Era más fácil la arribada a estuarios y ríos en donde, en ocasiones, los barcos eran remolcados desde la orilla por tracción animal o humana. Los grandes barcos, como los galeones, solían anclar retirados de costas y playas, según los casos, debido a su gran buque que podía hacerlos encallar, utilizándose una embarcación de apoyo a la hora de cargar y descargar mercancías o acercarse a la playa por parte de la tripulación. Eran muy habituales los accidentes acaecidos por impericia o falta de logística en las maniobras del barco cerca de costas y diques. Por ejemplo, en las arribadas y al descargar el barco, era común cargarlos más de lastre para que la línea de flotación quedara más hundida y así evitar que el barco virara sobre su eje y volcara de lado por su propio peso. Este accidente sucedía de forma habitual y provocó famosos naufragios, como el del Vasa o el Mary Rose. Una fallida operación también producía embarrancamiento en diques, como en el caso del Newport Ship. Remolcado al estuario del Severn y apuntalado para su reforma en un dique del río Usk, el sistema que lo sostenía colapsó provocando su abandono y desmantelamiento. Fue rescatado del olvido por arqueólogos en 2002 durante las obras de construcción de un teatro y centro cultural.

Al contrario de lo que en ocasiones se ha pensado, los episodios bélicos en el mar y las batallas navales no fueron la principal causa de naufragios. No obstante, existen algunos casos importantes en los que un encuentro entre Armadas enemigas ha derivado en el hundimiento de importantes barcos y, a veces, incluso de la flota entera. Julio Verne y García Márquez nos rememoraban dos episodios aciagos de naufragios como resultado de batallas navales. En 1628 tuvo lugar un episodio espectacular por el impacto socioeconómico y político que tuvo en su propia época. El propio jurista del siglo XVII Juan de Solórzano y Pereira afirmaría que "este tesoro fue el primero de las Indias que ha caído en manos de enemigos y herejes". Se trata del asedio y captura de la flota de Nueva España, al cargo del capitán general Juan de Benavides y Bazán, por parte de una flota holandesa bajo el mando del almirante Pieter Pieterszoon Heyn, un corsario al servicio de la recién creada Compañía Holandesa de las Indias Occidentales en 1621. Víctimas de una emboscada en la bahía de Matanzas, en Cuba, y debido sobre todo a la indecisión de Benavides, cuya actuación le costaría ser decapitado en Sevilla en 1634, este hecho supondría un antes y un después para la política naval de defensa en el Caribe por parte de la Administración española de la época. No obstante, estos acontecimientos no enturbiaron el impacto que en el sentimiento popular tuvieron los ataques a puertos, como cuando en 1656 la flota de Tierra Firme fue aniquilada por Francis Drake en las islas Canarias o el hundimiento ese mismo año del San Francisco Javier frente a Cádiz por un ataque inglés. El yacimiento del pecio Delta II, identificado como una carraca genovesa del siglo XVI, el San Jorge y San Telmo, excavado por el Centro de Arqueología subacuática de Andalucía (CAS), también fue hundido por el temido Drake en abril de 1587.

A veces, los naufragios derivados de batallas no se daban durante la batalla en sí, sino durante las tormentas que, casi como un castigo divino, arreciaban antes o después del combate. Estos episodios nos han legado importantes paisajes sumergidos relacionados con yacimientos de pecios, como los barcos de la Armada española de 1587, conocida como la Invencible, diversos barcos que participaron en la batalla de Trafalgar, actualmente hundidos en la bahía de Cádiz; o los barcos que, como el galeón del pecio Ribadeo I, identificado como el San Giacomo di Galizia, participaron en la denominada Armada del Socorro de Irlanda en 1597. Asimismo, era muy habitual que, ante una situación irremediable de pérdida de una batalla, fueran los propios marinos al mando de una embarcación de guerra los que decidían hundir sus propias naves. Fue el caso de las fragatas de la flota del general marqués Sebastián Ruiz de Apodaca, hundidas por él mismo en la isla de Trinidad en 1796 ante el acoso inglés y posterior conquista de la isla para la Corona británica. Los pecios de este desastre político y militar, que antes fueran valiosas fragatas y navíos de línea, como el San Vicente, construido en Cartagena en 1778, yacen en el fondo del mar, en la isla Gaspar Grande, cerca de las costas de Trinidad y Tobago a unos 18 metros de profundidad.

La literatura de naufragios es una fuente fundamental para el estudio de ciertos comportamientos humanos en situaciones extremas. El hecho del naufragio y la formación de un paisaje marítimo subacuático han dado lugar a que a lo largo del tiempo histórico se haya planteado y experimentado con planes de salvamento de pecios. En el caso de que el cargamento de los barcos fuese valioso, se llevaba a cabo un salvamento desde el mismo momento en el que sucedía el naufragio. En el caso de las flotas españolas de la Carrera de Indias, inmediatamente después de sufrir un naufragio, se autorizaban expediciones para el salvamento, donde los caudales de oro, plata y piedras preciosas, así como la artillería, eran los objetos principales de recuperación. Desde el siglo XVI y con objeto de solventar problemas relacionados con rescates de barcos naufragados, se llevaron a la práctica diversas fórmulas para bucear y recuperar parte de estos cargamentos perdidos en el mar. La Corona española apoyó a la Casa de la Contratación, organismo encargado de aprestar y organizar las Armadas y flotas con sede en Sevilla desde 1503 y en Cádiz desde 1717, en el desarrollo de técnicas e inventos para tal fin. De hecho, tanto las posibles pérdidas de cargamentos como la necesidad de reparar barcos en alta mar por debajo de la línea de flotación, demandó la presencia de buzos a bordo de las flotas. Todas las naciones marítimas de la época desarrollaron sistemas de salvamento y, ciertamente, una buena parte de los arcaicos modelos de buceo, descritos en el capítulo 2 de este libro, fueron desarrollados para bucear en barcos hundidos o para llevar a cabo pesca de perlas y otros recursos marinos de gran valor. Fue el caso de la campana de Giuseppe Bono, diseñada en 1582, precisamente para la extracción de bienes de los naufragios.

El salvamento de un barco hundido siempre se producía después del naufragio, pero también había protocolos durante la catástrofe en sí misma. Generalmente, se pedía que lo primero que debía rescatarse debían ser las monedas de oro y plata, las perlas y otras cosas de valor, lo cual tenía prioridad incluso por delante de mujeres y niños. Los tesoros eran más valiosos que la vida humana a bordo de un galeón o navío español. Y al igual que para los buscadores de tesoros en la actualidad, la moneda histórica de plata, precursor del dólar actual, que era una pieza que podía alcanzar los 3,43 gramos de peso, era y es, por desgracia, una especie de objeto de deseo. Estas piezas equivalían en su día a ocho reales, un ducado podía valer 11 reales de plata, un escudo era una pieza de oro de 3,40 gramos, mientras que un doblón, una pieza de oro de dos escudos podía tener 6,80. Estas valiosas piezas podían ir también en lingotes y barras, y estar acuñadas o no dependiendo de si eran legales o de contrabando.

La leyenda de estos tesoros, que en muchas ocasiones no eran tales, ya que fueron rescatados inmediatamente después del hundimiento, junto a la exportación que se hacía a España de metales y piedras preciosas, como las esmeraldas, han supuesto una verdadera maldición para la conservación del patrimonio histórico subacuático español. Por desgracia, la leyenda de los tesoros sumergidos ha atraído a empresas con dudosas intenciones que ahora deben aceptar la existencia de una legislación cada vez más fortalecida en su misión de proteger los océanos y su contenido (como vimos en el capítulo 5).

Existen muchos documentos que describen el rescate de barcos hundidos. Uno de ellos es la obra de Pedro de Ledesma, secretario del Consejo de Indias, *Pesca de perlas y busca de galeones*, que salió a la luz en 1623. Una parte del manuscrito está dedicado al buceo para la pesca de perlas y la segunda parte es un auténtico manual de buceo profesional en barcos hundidos. Ledesma planeó un invento para trabajar a una profundidad de entre 27 y 42 metros, algo espectacular para la época. La obra presenta varios ejemplos de extracción de restos, con especial atención a la plata y otros objetos de valor. Gracias a este manual se rescataron piezas y cargamentos de los galeones Nuestra Señora de Atocha y Santa Margarita, naufragados en los Cayos de Florida en 1622 y algunos barcos de la flota de Matías de Orellana, hundida en las islas Bahamas en 1676. En Inglaterra, William Tracey intentó rescatar el Royal George en 1793 usando el mismo método que se había usado para el Mary Rose, hundido en 1546. En el Báltico o en el Mediterráneo era más fácil desarrollar proyectos de rescate de barcos hundidos, ya que la marea es casi inexistente, pero es más difícil en zonas donde la marea sube y baja con grandes diferencias dos veces al día.

La literatura existente sobre naufragios y sus consecuencias es muy extensa, en aparente contradicción con los relativamente escasos trabajos científicos con resultados de las intervenciones arqueológicas marítimas y subacuáticas. Sin embargo, dichos trabajos son realmente ricos en datos y matices, que transportan al lector a una narrativa histórica presente en el imaginario colectivo de las sociedades marítimas a través de los siglos, donde destacan también las características comunes de estos eventos históricos. Existen también algunas obras antiguas, como la *Historia trágico-marítima*, de Bernardo Gomes de Brito (publicada entre 1735 y 1736), por poner un ejemplo. Asimismo, disponemos de mucha información *online* en forma de repositorios, bases de datos, listados y páginas web. En general, los estudios de naufragios han evolucionado en una auténtica antropología social que ofrece una rica información no solo sobre el hecho o evento en sí, el desastre, sino sobre la vida a bordo de los barcos y la propia naturaleza y capacidad de adaptación, cooperación y supervivencia del ser humano.

La historia de naufragios es también la historia de la guerra en el mar, pero también de los elementos y de las historias de vida a bordo de esa microsociedad en movimiento que es el barco. A veces, esta literatura de naufragios también evoca los problemas en tierra. El naufragio ha sido documentado como un fenómeno contemplado desde la superficie o desde las orillas del mar, lo que quedaba de ello, los restos materiales de unas estructuras de embarcaciones y sus contenidos. A lo largo de los siglos, las poblaciones costeras se aprovechaban de lo que sin duda era una oportunidad para agenciarse de productos de valor que la marea traía. No se puede olvidar que el naufragio podía impactar en las condiciones económicas y sociales si se producía en una zona cercana a una costa y a ella llegaban sus restos. En áreas costeras, muchas poblaciones marítimas consideraban el naufragio como un alivio económico. Por ello, desde la Edad Media han existido leyes para, de alguna manera, fiscalizar y controlar el uso inapropiado de las consecuencias de un naufragio. En diversos países estas cuestiones estaban más o menos reguladas, aunque todo era complejo cuando el naufragio se producía en zonas alejadas y los supervivientes llegaban a geografías indómitas. En el golfo de México, por ejemplo, o en áreas cercanas a las rocosas costas antillanas, el número de naufragios aumentaba por causas geoclimáticas, donde se producían verdaderas aventuras en el reto de la supervivencia de los que lograban alcanzar las orillas. Relatos de naufragios describen estas proezas como auténticas situaciones límite. Por ejemplo, Alvar Núñez Cabeza de Vaca redactó unas memorias, *Naufragios y comentarios* (1542), sobre las vicisitudes que los cuatro únicos supervivientes de la expedición de Pánfilo de Narváez a Florida en 1527 tuvieron que soportar durante 10 años viviendo con los indios en condición de esclavos, comerciantes y curanderos.

La idea de los tesoros, identificados con los cargamentos de los barcos hundidos, ha dañado mucho la investigación de la arqueología histórica en España, especialmente en relación con aquellos países con los que, por razones históricas,

España comparte un rico patrimonio marítimo y subacuático. Los naufragios han contribuido a la creación de un imaginario histórico, cargado incluso de nacionalismo no siempre justificado. Enumerar la enorme lista de flotas y barcos que se hundieron en la historia de la Carrera de Indias, solo en España y Portugal, sería un trabajo extenso. Es necesario recalcar que esta lista sobresale más por el expolio que ha sufrido por parte de cazatesoros y empresas privadas, que solo buscaban lucrarse con el patrimonio, que por ser objeto de un estudio sistemático en un adecuado marco histórico-arqueológico científico dentro de la legalidad. Actualmente conocemos muchos datos sobre naufragios históricos y los yacimientos arqueológicos que han formado, así como toda clase de información sobre el ciclo de vida del barco y los recursos sobre los que cada ejemplar de embarcación fue construido en su astillero de origen.

Una buena parte de estos naufragios se corresponden con yacimientos en situación de vulnerabilidad. Algunos casos son especialmente delicados por encontrarse en enclaves privilegiados para la práctica del submarinismo deportivo. Uno de estos lugares en España es La Herradura, situado en la costa de la provincia de Granada: en octubre de 1562, una flota de 25 galeras, al mando del capitán Juan de Mendoza, naufragó en la zona denominada Punta de la Mona. Esta tragedia supuso un revés a la política mediterránea del rey Felipe II contra la expansión turca. Este yacimiento fue objeto de una prospección subacuática por un grupo de buceadores en 2014 sin resultados científicos. Algunas crónicas afirman que con las maderas que el mar arrojó a la orilla se construyó la ermita de La Herradura con el nombre de La Antigua. La existencia de tal yacimiento con posibles restos de galeras es excepcional ante la falta de restos de esta tipología de embarcación para la Edad Moderna.

En ocasiones, los naufragios se producían por una combinación de desgracias, entre asedios, el tiempo adverso y las, a veces, difíciles arribadas a ríos y estuarios. En 1641, una flota compuesta por 30 navíos abandonó el puerto de Veracruz encabezada por una nao capitana, la San Pedro y San Pablo que, paradójicamente, logró cruzar el Atlántico para hundirse cuando remontaba la barra del río Guadalquivir. La nave almiranta, Nuestra Señora de la Limpia y Pura Concepción, transportaba los caudales. Era habitual que estos fuesen embarcados en las almirantas de las flotas, salvo contadas excepciones. Esta almiranta se hundió frente a las costas de la isla La Española, actualmente la República Dominicana, en unos bajos denominados los Abrojos, actualmente conocidos como Banco de la Plata.

El cargamento fue descrito como "tesoro" al transportar 436 baúles de productos procedentes del Lejano Oriente, llegados a Veracruz desde Acapulco a través de la vía del Galeón de Manila que recalaba en dicho puerto y posteriormente transportados por tierra hasta la ciudad mexicana. También llevaba 21 baúles de esmeraldas de las minas de Muzo, en Colombia, perlas de las Antillas, objetos de plata de propiedad privada, oro en barras y labrado en objetos, así como lingotes y monedas de plata para la hacienda del rey de España. Además, también transportaba mercancías diversas, incluyendo animales vivos, tinajas de vino o artillería. Las concentraciones coralíferas extensas constituían un gran peligro para los navíos. Es importante señalar que la noticia de este hundimiento llegó a Europa muy pronto, y en 1687, una expedición inglesa organizó una operación de salvamento, dirigida por William Phips, carpintero y capitán de la marina mercante en Boston, entonces colonia inglesa, quien recibiría también el título de caballero y el cargo de gobernador de la colonia en la bahía de Massachusetts, en premio a su servicio a la Corona inglesa. La operación de salvamento fue patrocinada por el duque de Albemarle.

La expedición a bordo el barco James and Mary se dirigió a la bahía y al Banco de Plata en la costa norte de la República Dominicana, donde el capitán Francis Rogers se encargó de la prospección de la zona y llegó a describir en su libro de bitácora la posición del naufragio. En 1978 esta información llegaría a manos de empresas de buscadores de tesoros.

En 1656 se hundió el galeón Nuestra Señora de las Maravillas, almiranta de la flota española que navegó el Atlántico entre 1654 y 1656. Naufragó ese mismo año en aguas poco profundas cerca de la isla de Gran Bahamas. En su viaje de retorno portaba un cargamento valorado en unos cinco millones de pesos, incluyendo alguna parte de la plata recuperada del naufragio del barco Nuestra Señora de la Limpia y Pura Concepción, hundido en 1641. En medio del caos, el Maravillas fue embestido por otro de los barcos de la flota y, agravado por los fuertes vientos, la mayor parte de la tripulación a bordo, unas 650 personas, perecieron en el mar. Pocos supervivientes hicieron llegar noticias del desafortunado evento a las autoridades de la isla de Cuba, quienes organizaron un dispositivo de salvamento para recuperar la carga que transportaba.

El lugar de este pecio forma un yacimiento que llevó al cazatesoros Robert Marx a dirigir un salvamento en 1972, que puso una buena parte de sus hallazgos en la casa de subastas Schulman en Nueva York, en 1974. En esta subasta pudieron contemplarse públicamente unas piezas de plata desconocidas hasta la fecha, además de otras piezas labradas y acuñadas en Potosí entre 1649 y 1651. Tras este hecho, otra compañía de cazatesoros, la empresa Marex, dirigida por Herbert Humphreys, volvió a subastar otras piezas pertenecientes al Maravillas en Christie's (Londres) en 1992 y 1993.

Se tienen noticias recientes de más ventas de objetos procedentes del yacimiento Nuestra Señora de las Maravillas en California en 2005. Oficialmente, las autoridades de Bahamas no han concedido nuevos contratos o permisos para intervenir en el yacimiento, aunque todavía se están produciendo excavaciones por parte de empresas privadas. Semejante destino acaeció en 1715 a la flota de Nueva España del general Juan Esteban de Ubilla. Tras una singladura entre Cádiz, Puerto Rico, Veracruz y La Habana, y tras unirse a la flota de Tierra Firme de Echevers y Zubiza, pereció en el canal de Bahamas debido a un huracán, cerca del cabo Cañaveral. Algunos barcos de la flota fueron objeto de un salvamento en su propia época; este fue quizás un caso interesante de rescate histórico de un naufragio organizado desde La Habana.

Perteneciente a esta flota hay unos restos de la denominada Urca de Lima, que fue incendiada hasta la línea de flotación para impedir que filibusteros ingleses que patrullaban la zona la vieran. Lo que quedó del cargamento, engullido por los fondos arenosos, fue expoliado por Kip Wagner en 1960. Posteriormente, en la década de 1980, el yacimiento quedó convertido en un parque subacuático sumergido en torno a unos cinco metros de profundidad. Junto a otros parques subacuáticos, está siendo preservado por el estado de Florida (Florida's Museums in the Sea). En 1718 también naufragó entre el golfo de Tarento y la costa de Galípoli el navío San Pedro, diseñado por Antonio de Gaztañeta, con el que navegó en comisión de servicio tras ser construido por el asentista José de Castañeda en Pasajes. La pérdida de la flota en la batalla del cabo Passaro supuso también el naufragio de otros tantos navíos. En 1733 tuvo lugar el desastre de la flota de Rodrigo Torres y Morales, en el canal de Bahamas en su ruta de retorno.

En la propia época se elaboró una carta náutica para establecer el hundimiento. Elaborada por Miguel Hurdel de Montellón, es un documento a tinta negra y costas sombreadas que contiene nudos de rumbos. La "Descripcion de los Navios de flota Naufragados en los Caios de la Entrada de la Canal de Bahama la Noche del día 15 de Julio de 1733 Siendo su Commte. General el Gefe de Esquadra Dn. Rodrigo de Torres y Morales Cavallero Yerosolimitano" ilustra, sobre el mar, a lo largo de las costas, pequeños navíos que señalan el lugar del naufragio. En el lateral izquierdo de la carta se observa una nave de gran tamaño con las velas desplegadas. Actualmente, uno de sus barcos perdidos, el San Pedro, es también un parque subacuático protegido por el estado de Florida.

Estos y otros tantos ejemplos de naufragios históricos han atraído el expolio y la extracción injustificados de objetos sin registro previo, lo cual ha derivado en una alteración importante de estos paisajes submarinos. El reto del arqueólogo subacuático sería rescatarlos para la historia.

CAPÍTULO 7

De galeones y otras máquinas: los barcos de madera en la historia global

Relacionado con esta narrativa de naufragios, el barco histórico surge como un objetivo preferente que define por sí mismo a la arqueología subacuática como una "arqueología del transporte, en tanto que nos aporta informaciones complementarias para conocer, en toda su complejidad, las etapas básicas de una operación comercial: producción, transporte y consumo" (Nieto, 1999: 9). La conversión del barco histórico en un artefacto o pecio, así como en una fuente contadora de historia, convierte a los pecios en objetos patrimoniales referentes del avance tecnológico de diversas épocas. Como ahora son consideradas las naves espaciales y los satélites artificiales que navegan en el espacio exterior, el barco de los siglos modernos es el resultado del reto que experimentó el ser humano de cruzar el océano, para lo que tenía que construir máquinas. La invención del barco, como *sea machine*, como medio de relación entre la sociedad y el mar, se remonta a unos 12 000 años de antigüedad, perdurando la tradición de construcción en madera hasta que otros materiales empezaron a ser de uso generalizado en el siglo XIX. La invención y construcción de todo tipo de embarcaciones promovió un desarrollo tecnológico excepcional en relativo poco tiempo. Pequeñas y medianas embarcaciones desde la prehistoria fueron construidas allí donde había necesidad de ellas para un determinado propósito y facilitando así la vida de las comunidades: búsqueda de alimentos, transporte de personas, llegar al mar desde ríos o estuarios, actos de robo o piratería, o incluso una combinación de todo.

Desde sus inicios, la construcción naval estuvo muy relacionada con el paisaje, vinculado a las condiciones de las costas, estuarios y ríos, o a la ubicación de las fuentes de recursos de madera: el bosque, si era posible, cercano a los núcleos de construcción y de carpintería de ribera. La arqueología de antiguas embarcaciones así lo ha demostrado; como ejemplos, tenemos la construcción de canoas, el desarrollo de barcos de fondo plano, generalmente para transporte en ríos, o los denominados coracles, primitivos barcos muy ligeros que se usaban tradicionalmente en Gales e Inglaterra, así como en la India, Vietnam, Irak o el Tíbet. En estos últimos casos, se usaba piel de animales, como el yak, y diferentes resinas. Al igual que el coracle, otras antiguas tradiciones aún prevalecen en el mundo.

Los importantes desarrollos tecnológicos de la navegación fenicio-púnica, griega y romana, y otras culturas de la Antigüedad han sido especial objeto de la arqueología subacuática y su estudio ha influido notablemente en el avance de la metodología científica. La arqueología náutica ha podido desentrañar algunos misterios, como la utilización de barcos largos, galeras de guerra con remos que usaban la vela en transición a alta mar, barcos de casco redondo usados para el transporte de mercancías con una escasa tripulación, etc. De unos y otros existen evidencias iconográficas en museos e incluso se han llegado a hacer réplicas, como el caso de la Nehalennia, una barcaza romana, cuyos restos originales, con unos 2000 años de antigüedad, se encuentran expuestos en el Museo Romano del Parque Arqueológico de Xanten (Alemania). Estas embarcaciones las conocemos también por la iconografía y algunas pequeñas imágenes representadas, como los exvotos marineros, los grabados y el arte. Hacia el siglo IV d. C. aparece el modelo de construcción a tingladillo (*clinker*), el cual fue aplicado hasta bien entrado el siglo XV. Su expansión desde el Báltico al canal de la Mancha y al norte de la península ibérica tiene, sin duda, relación con las oleadas migratorias protagonizadas por sajones y vikingos. Algunos casos de pecios con madera en tingladillo que han sido excavados son el Sutton Hoo (700 d. C.), el Bruges Boat (datado entre el 700 y el 1100 aproximadamente), yacimientos en el área de Escandinavia y norte de Alemania, así como barcos de guerra posteriores al año 1000, que además presentaban también un casco redondo.

Pronto surgió un nuevo modelo arquitectónico con mayores ventajas, la coca (*cog*). Estos eran barcos de más alto bordo y su uso se extendió durante el siglo XV. Un caso arqueológico de referencia es la Coca de Bremen (Alemania), localizada en dicho puerto en 1962. Esta nave, datada de la segunda mitad del siglo XIV, tenía una eslora de unos 23 metros, con gran capacidad de bodega y un único palo con vela cuadrada. Fue excavada en su totalidad y está musealizada en el Deutsche Schifffahrtsmuseum. En el cauce del Ijssel, cerca de Ámsterdam, se extrajeron en el año 2016 tres embarcaciones antiguas, entre ellas una coca. Su extracción fue posible gracias a la instalación de una plataforma en el río y una especie de cesta para izar el barco. Estos modelos fueron clave para la navegación comercial de la Hansa durante la Edad Media. En España tenemos una figura, la denominada Coca de Mataró, que podría señalar el uso de esta tipología en los reinos ibéricos.

La técnica de construcción a tingladillo se extendió por muchas áreas. En la playa de Remior, en Barreiros (Galicia), se encontraron unos restos de madera que podrían ser identificados como de tingladillo. Una fuerte tormenta en marzo de 2015 arrojó estos restos a la costa, de ellos pudieron extraerse muestras de madera de la estructura del casco, destacando el uso de roble y clavos elaborados con madera de sauce (*Salix* spp.).

La construcción naval prosperó, a partir del siglo XIII, desde la introducción del timón de codaste para el gobierno de los barcos y el uso de la vela latina en el aparejo que permitía a los buques navegar en contra del viento. El aparejo fue evolucionando al mismo tiempo que la demanda de la navegación por el crecimiento de la actividad comercial, hasta que entre 1470 y 1480 se empezaron a construir barcos de tres mástiles. Aparecieron las carracas (buques con mayor tonelaje), las carabelas y, por fin, las naos, ya equipadas con cañones y dos castillos, el de proa y el alcázar de popa. El marco constructivo de la mayor parte de estas tipologías ha sido explicado ampliamente en los tratados de arquitectura naval, pero aún falta aumentar los estudios arqueológicos que confirmen que lo que venía especificado en los documentos se cumplía en la realidad. Desde la arqueología tenemos cierta experiencia en comprobar que esto no se daba siempre. Este es un problema que se ha visto reflejado, por ejemplo, en la investigación sobre la transición tecnológica que se experimentó desde la carraca al galeón. Algunos yacimientos importantes identificados como carracas han puesto en evidencia que las diferencias entre estas y los temibles galeones, protagonistas de tanta competencia marítima y batallas navales, no eran tan grandes.

Un importante yacimiento, el Grace Dieu, identificado como una carraca de comienzos del siglo XV perteneciente a la flota de Enrique V y cuyos restos del casco inferior aún pueden verse en River Hamble, ha determinado que este tipo de barcos ya podían poseer cuatro mástiles. Construido en los astilleros de Woolwich en la década de 1510 es el dato arqueológico más antiguo que tenemos sobre el uso del sistema de troneras y puertas para los cañones. Su sistema constructivo presentaba un forro con planchas unidas, estilo carvel, que era el opuesto al modelo tinglado. La carraca evolucionó desde mediados del siglo XVI hasta convertirse en un barco con mucho artillado. El Mary Rose también era una carraca; Anthony Roll, mercader y artista de origen flamenco y artillero de la Torre de Londres, elaboró un inventario de grabados que se han utilizado para hacer una comparación con los restos del naufragio, que actualmente está expuesto en el Mary Rose Museum en Portsmouth. Esta comparativa ha puesto en evidencia que Anthony Roll se tomó algunas licencias artísticas. Aunque las imágenes proyectadas en sus iconografías se asemejan a la realidad, algunos de los detalles aparecen un poco exagerados, especialmente en la artillería y en la posición de los cañones.

En general, las imágenes iconográficas que nos han llegado de galeones y otras máquinas de guerra y comercio plantean problemas de análisis que siempre hay que contrarrestar con otras fuentes visuales, pero especialmente con la arqueología y el documento histórico. En el caso de los documentos de archivo, los conceptos sobre naos, navíos, naves, galeones o carracas aparecen como sinónimos o, en todo caso, usados de forma arbitraria por los que en su momento redactaron estos documentos. Ello ha derivado en alguna que otra confusión a la hora de determinar la tipología de un pecio. En Inglaterra, hacia 1586, parece que se generalizan modelos nacionales de galeones, con cuatro mástiles y castillos reducidos para mejorar la navegación o incluso más corto de popa a proa que el galeón sueco, el Vasa, construido en 1628 y que, como hemos señalado anteriormente, puede ser admirado en su museo en Estocolmo desde su rescate del fondo marino en 1961.

Hoy sabemos que en los siglos XVI y XVII se generalizó un sistema de guerra naval con escuadras formadas por carracas y galeones, a veces con galeras, las cuales actuaban como embarcaciones de desembarco de tropas para conducir a los soldados a la costa. Estas evidencias históricas nos han legado mucha información iconográfica y documental, como el caso del asalto francés de Brighton en 1514, con lanchas de desembarco y carracas ancoradas en la distancia; o la toma de las Azores por el marqués de Santa Cruz en 1583, que podemos admirar en los frescos de la sala de las batallas del Real Monasterio de San Lorenzo de El Escorial. En esta imagen vemos las grandes carracas que no podían acercarse a la costa y debían anclar en aguas profundas mientras lanchas y galeras se usaban para el desembarco de los tercios. Pronto apareció el galeón, aún más grande y mucho más armado que la nao. Ambas tipologías, galeones y naos, presentaban cascos más redondeados y de tres palos (mesana, trinquete y mayor). Se ha considerado a la nao como una derivación más apropiada de la carraca, pero con mayor artillería, mientras que el galeón era una respuesta a la navegación de alto bordo y oceánica. El galeón pudo ser una tipología híbrida resultado de la evolución de naos y carracas y con influencia de varias tradiciones arquitectónicas, especialmente báltica e italiana. Empleado tanto para la guerra como para el comercio, fue sustituido progresivamente por el navío de línea y las fragatas. En España los galeones fueron absolutos protagonistas de las flotas de la Carrera de Indias y debido a la leyenda que los acompaña, han sido los yacimientos de pecios más expoliados por cazatesoros. También apareció una modalidad híbrida, denominada galeaza, que combinaba las técnicas de un galeón con un sistema de remos. Se ha constatado que en ocasiones los barcos experimentaban transformaciones en la propia época, siendo normal que algunas carracas o naos se convirtieran en galeones o estos en galeazas cuando se les añadían remos para una mayor operatividad si se utilizaban en comisiones de servicio de guerra en el mar.

La arqueología subacuática no solo permite despejar las características de un yacimiento relacionado con un pecio de determinado momento histórico, sino profundizar en las propiedades estructurales del barco. La evolución del barco moderno de los siglos XVI al XVIII es aún un misterio, sobre todo porque en su época llegó a ser secreto militar, objetivo de competencia entre las naciones marítimas y del espionaje industrial. Su evolución tecnológica, a pesar de los estudios históricos y de ingeniería naval, está aún lejos de ser comprendida desde la arqueología científica. La amplia y a veces ambigua tipología de barcos ha provocado en ocasiones confusión o interpretación errónea por parte de los expertos, pero ello hace aún más importante el establecimiento de una metodología que relacione las fuentes documentales escritas y el análisis de los yacimientos como fuente de información desde la materialidad.

Los estudios históricos y arqueológicos deberían trascender los planes nacionales y seguir una línea de investigación que compare tipologías de barcos localizados en yacimientos en el norte de Europa, zona escando-báltica, islas británicas, Francia, norte de la península ibérica, costas de

Portugal y Andalucía, Mediterráneo, Arabia y su zona de influencia, América del Sur, Golfo-Caribe y Antillas, India e Indonesia, así como toda la geografía conectada desde el mar por la navegación. Hasta el momento no se han producido muchos estudios de casos en los que se confronte la teoría histórica con los restos materiales que localizamos bajo las aguas con el fin de establecer un adecuado estudio comparativo y transnacional, más allá de las perspectivas nacionales o regionales. No obstante, y a pesar del expolio que algunos de estos yacimientos han sufrido, se han logrado desarrollar trabajos importantes.

El expolio por parte de empresas privadas, sin objetivo científico, solo lucrativo, ha deteriorado profundamente algunos yacimientos cuyo rescate para la arqueología científica podía haber aportado, sin duda, grandes conocimientos sobre la construcción, naturaleza y uso de estas importantes máquinas del mar. Algunos de estos casos son, por ejemplo, el pecio de la Gerona, localizada por el belga Robert Stenuit, también perteneciente a la Armada Invencible, hundida por tormentas en 1588. Fue objeto de un rescate de sus bienes más valiosos en 1968, pero posteriormente, en 1993, fue acogida bajo el Protection of Wrecks Act británico. Este yacimiento se encuentra localizado cerca de las costas de Irlanda del Norte.

El yacimiento de La Trinidad Valencera, otro barco de esta flota, fue descubierto en 1971 en Donegal, Irlanda, y actualmente parte de sus objetos y artefactos rescatados están depositados en el Tower Museum. En 1991, el arqueólogo francés Franck Goddio descubrió el pecio del galeón San Diego, uno de los grandes barcos que hacían la ruta conocida como del Galeón de Manila entre Filipinas y Acapulco, y hundido durante una batalla en el 1600. Algunos de los objetos rescatados han sido depositados en el Museo Naval de Madrid y en el Museo Nacional de Filipinas.

Podríamos hablar de auténticos cementerios sumergidos de barcos históricos a lo largo del paisaje marítimo subacuático y costero o intermareal. Tanto en las costas peninsulares españolas como en el Golfo-Caribe, sin contar con otras áreas de América o de la geografía indopacífica, podríamos contabilizar miles de estos yacimientos. Un caso muy interesante es el del yacimiento Red Bay. Tiene el nombre de una localización que se corresponde con una estación ballenera vasca del siglo XVI en la península del Labrador, al este de Canadá. Declarado patrimonio por la Unesco, se relaciona con el hallazgo del pecio identificado como la nao San Juan, excavada entre 1985 y 1992 por un equipo internacional. Su estudio histórico-arqueológico la define como una nao construida en Pasajes (Guipúzcoa) en 1563, que sirvió como un barco ballenero de unos 22 metros de eslora y 7,5 metros de manga, así como unas 200 toneladas. Su estructura está elaborada con madera de roble, con una quilla de haya.

El uso de estos tipos de madera se ha encontrado también en otros trabajos arqueológicos. Hay evidencias también de que lo que se denomina obra muerta, la parte del casco no sumergida en el agua, se construyera con madera de pino, algo habitual de acuerdo a los trabajos de análisis dendrocronológicos efectuados en otros yacimientos. Los yacimientos de Padre Islands, San Esteban (1554), Enmanuel Point Wreck, algunos naufragios sufridos por Cristóbal Colón en su cuarto viaje (Santiago de Palos) y otras tantas flotas que naufragaron nos ilustran un auténtico bosque de roble, haya y pino en los paisajes oceánicos. El uso de estas especies de madera también ha sido documentado en yacimientos de barcos holandeses en el Pacífico, como el Batavia, de la Compañía Holandesa de las Indias Orientales, o en naufragios ingleses como el que se corresponde con el yacimiento del HMS Invincible, hundido en 1744, objeto de un ambicioso proyecto científico de la Bournemouth University, el National Museum of the Royal Navy (NMRN) y el Maritime Archaeology Sea Trust (MAS) en Reino Unido. Algunos pecios identificados como barcos históricos de las flotas españolas de las Indias han sido excavados en Cuba, como Nuestra Señora de las Mercedes, un navío de 909 toneladas que ya fue objeto de salvamento en la época, para lo cual se trajeron buzos indios de Florida y del que se recogió parte del cargamento. El pecio se pudo datar gracias a algunos objetos localizados durante los trabajos de excavación en 1985.

Actualmente, la mayor parte de los países latinoamericanos han firmado el Convenio de la Unesco y aseguran haber puesto fin a la explotación comercial, algo crucial para una colaboración auténticamente científica y no expoliadora entre países. Hay que tener cuenta que del patrimonio subacuático español aproximadamente el 50% de sus yacimientos se localizan en tres países en América: Panamá, Cuba y la República Dominicana, según la carta arqueológica elaborada en el Museo Nacional de Arqueología.

En las excavaciones de pecios es importante el análisis de las características morfológicas y funcionales del barco. El análisis morfológico y el estudio del diseño de la embarcación sirven para comprender tanto su tipología como el proceso constructivo por el que han pasado los restos estructurales. Asimismo, permite identificar el porte de la embarcación, la época en la que fue construido e incluso puede definir su procedencia y funcionalidad. Pero también el estudio arqueológico incide en el examen del cargamento, cuyas evidencias son registradas dentro del propio contexto del yacimiento. Además, su distribución puede aportar información sobre las rutas marítimas e indicios sobre la organización y construcción portuaria del lugar desde donde vino, y reconstruir las incidencias de la navegación, como naufragios por tormentas, impericia de pilotos o combates navales. Las evidencias materiales pueden llegar a ofrecer una visión del espectro biográfico de cada barco, su evolución histórica, así como la narrativa generada durante el evento que provocó su hundimiento. Son importantes, por ejemplo, los materiales que se encuentran en el barco, pues son reflejo de determinadas situaciones en los puertos de salida y escala en la ruta seguida. Una especialidad del arqueólogo subacuático es el estudio de la metalurgia y de cualquier componente metálico presente en la artillería. El análisis de los materiales de velas y cuerdas también es importante para conocer la forma de navegación y la evolución en el tiempo de los sistemas de velas y mástiles adaptándose al conocimiento del mar y sus problemas.

En la construcción naval el recurso más usado en los siglos de la Edad Moderna era la madera. La politización de la madera y su origen, los bosques, ha sido una constante en las sociedades humanas y los recursos forestales han sido objeto de una elevada gobernanza desde la Antigüedad. Por ello, la historia marítima y la arqueología subacuática han asimilado el estudio de la procedencia de la madera a la hora de comprender las redes de provisión de este valioso material indispensable para la construcción naval de los siglos modernos. La relación entre arqueología y constructores navales es importante, especialmente en la construcción de pequeñas embarcaciones en madera, cuya tradición aún subsiste en muchos lugares. Contemplando la labor de los constructores navales con madera, el arqueólogo puede establecer nuevas preguntas de investigación sobre cómo se hizo en el pasado. La antropología y la etnografía están presentes en esta actividad, al igual que la arqueología experimental, disciplina muy útil a la hora de comprender los comportamientos de los restos materiales del pasado, a través de una reconstrucción experimental.

Uno de los problemas arqueológicos existentes en el estudio de un barco es la constatación histórica y material de la teoría de la transición ibérica. El análisis arqueológico de algunos tipos de embarcaciones construidos en el paso del siglo XV al XVI puede ofrecer importante información sobre lo que es, hasta el momento, un enigma histórico en la evolución tecnológica naval. Un caso arqueológico de crucial interés es el estudio de la tipología conocida como nave genovesa, que podría ser un antecedente de esa transición ibérica. Los yacimientos correspondientes con los pecios de la Mortella II y Mortella III, en aguas territoriales francesas y excavados entre 2012 y 2022, se corresponden con naufragios acaecidos en 1527 en un contexto geopolítico marcado por las rivalidades entre Francia y España. Estos pecios se caracterizan por tener una quilla doble (quilla y sobrequilla), definiendo así un modelo técnico mediterráneo al igual que el yacimiento de la Lomellina, llamado así por su identificación con la familia de mercaderes genoveses, los Lomellini, y también asociado a un topónimo del suroeste de Lombardía. Esta aproximación paralela subraya la importancia del modelo comparativo en los estudios histórico-arqueológicos. Ambos casos nos ofrecen una imagen arquitectónica de lo que fue la nave genovesa de la primera mitad del siglo XVI y que también podemos contemplar en una representación iconográfica que recrea la expedición de Carlos V contra Argelia en 1541, un fresco del palacio de Álvaro de Bazán, marqués de Santa Cruz, en Viso del Marqués, quizás atribuido a un artista genovés, Giovanni Battesti Castello, Il Genovese. Son ejemplos arqueológicos que sin duda relacionan un espacio geográfico, en este caso el Mediterráneo, y una cultura homogénea y coherente que contribuyó a la transferencia de tecnología, base para comprender la razón de las tipologías de barcos y los sistemas de construcción híbridos con herencia de diversos paisajes culturales. En la arqueología naval se usa el concepto de "cultura técnica mediterránea", en oposición de un modelo atlántico. Este puede ser comparado con los yacimientos de Cala Culip, Villefranche o incluso Delta II.

A esta tradición mediterránea con influencia de las escuelas iberoatlánticas, barcos destinados a la navegación oceánica y con una misión bélica específica, pertenece también el pecio del yacimiento Ribadeo I, identificado como el San Giacomo di Galizia, hundido en la ría de Ribadeo en 1597. Con unos 34 metros de eslora y 1200 toneladas de peso, este pecio pudo ser identificado con una ardua tarea de investigación histórica-arqueológica. Su excavación —entre 2012, fecha de su hallazgo en el muelle de Portisol en Ribadeo, y la actualidad— supone un trabajo en progreso orientado al establecimiento sistemático de zonas en trincheras y el análisis de la estructura y sus contenidos, tanto de muestras orgánicas como inorgánicas. El estudio dendroarqueológico detalló el empleo de maderas procedentes del sur de Italia. Su estructura era casi toda de roble, con algunos materiales de pino, con una cubierta calafateada y un casco de unos 12 centímetros de espesor que convertían a este buque en una auténtica máquina de guerra. Se trata del primer caso de un barco expresamente construido para la guerra, del siglo XVI, que se halla en aguas territoriales españolas.

El uso de estas embarcaciones de origen mediterráneo en la navegación atlántica pudo determinar la introducción de mejoras en la estructura del casco. El Cais do Sodré, en Lisboa, se correspondía con un buque de casi 28 metros de quilla de finales del siglo XV o comienzos del XVI. Es un pecio importante, ya que presenta muchas de las característi- cas de la tradición iberoatlántica, y más concretamente de muchas de las particularidades que vemos descritas en las ordenanzas y textos españoles de principios del siglo XVI.

Los diferentes casos de estudio en la mayoría de estos yacimientos tienen como principal objetivo la excavación y re- gistro del casco de los barcos, el análisis de su arquitectura y, si es posible, la calibración de su *shape state*, es decir, su forma estructural y el modo en que esta puede ir cambiando a lo largo de la evolución del pecio desde su hundimiento. Un barco se construye con madera modelada para constituir sus piezas. Al navegar, especialmente en barcos tinglados, la madera se va amoldando a los movimientos del barco en el mar. Al hundirse, también sufre un proceso de cambio que no permanece intacto en el fondo marino. Durante la excavación y registro, esta ma- dera también experimenta transformaciones en el muestreo, laboratorio y extracción de su medio subacuático. La evolución posdeposicional interviene en este estado de la forma del bar- co. Comprender estos procesos a la luz de la arqueología científica sin duda nos aportará información de gran valor para conocer y comprender el barco de madera en tiempos históricos.

La transición de galeón y otros modelos de barcos más comúnmente empleados durante los siglos XVI y XVII hacia las nuevas tipologías de navíos de línea y fragatas, así como la aparición de otras pequeñas embarcaciones, es aún más desco- nocida arqueológicamente. Existen importantes yacimientos de barcos de guerra españoles, auténticos buques de Estado, que apenas han recibido atención. Un yacimiento de interés es el ya mencionado de la escuadra de guerra del marqués de Apodaca localizado en la isla Gaspar Grande (también cono- cida como Gasparee), en la actual República de Trinidad y Tobago, a unos 12 kilómetros al oeste de Puerto España. Se trata de un yacimiento arqueológico situado en un contexto de limo fino, con escasa visibilidad, a unos 18 metros, aunque existen restos esparcidos a distintos niveles, pilas de lastre y restos de madera incluyendo una sobrequilla. Estos restos, vestigio de la pérdida de la colonia de Trinidad a manos de Inglaterra en 1797, han atraído a algunas empresas de buceo local y a algunos expertos en arqueología subacuática. Hay rumores de que los norteamericanos rescataron los cañones de las fragatas españolas durante la ocupación militar de Chaguaramas.

El arqueólogo y conservador británico, ya fallecido, Malcolm Brown organizó el salvamento de algunos de sus artefactos en la década de 1960; uno de ellos, un pequeño cañón, se conserva actualmente en el Museo Nacional de Trinidad y Tobago. Posteriormente, Trystram Alley, miembro del Wreck Protection Committee, formado después de la firma de adhesión a la Convención de la Unesco, localizó, entre otros artefactos, tarros de aceitunas y algunas monedas de plata de reales de a ocho que databan de 1791 y que estaban acuñadas en México. En algunas zonas es visible la presencia de madera estructural en conexión, así como algunos restos de metales, quizás cobre perteneciente a los forros de los buques. Otro caso relevante, por su condición de buque de guerra del siglo XVIII, es el pecio identificado como el navío de línea de 74 cañones El Triunfante, objeto de una excavación arqueológica entre 2008 y 2010 por el CASC. Se pudo analizar la quilla, la sobrequilla y parte de la obra viva, bajo la línea de flotación, de aquel barco que alcanzaba los 50 metros de eslora. El estudio detallado de su arquitectura pudo servir para conocer el sistema "a la inglesa" que se impuso durante un tiempo en la construcción naval española de la segunda mitad del siglo XVIII y que fue introducido por el marino y científico español de la época Jorge Juan y Santacilia.

El barco, como espacio en movimiento, es relevante para el conocimiento de la transferencia de tecnología existente en su época. Pero la vida de un barco está llena de eventos que marcan su existencia histórica, su espectro, desde que se construye y bota en unos astilleros hasta que naufraga, es abatido en batalla naval o abandonado en algún puerto, costa o estuario. En su esencia, la naturaleza de estos eventos guarda un parangón en todas las épocas, desde la Antigüedad hasta nuestros días.

El barco tiene un origen, los arsenales y varaderos donde se construye o se reforma, e incluso un origen detrás del origen, el bosque, desde donde se provee, al menos en la era de la construcción naval en madera, la mayor parte de la materia prima para su construcción. Desde la historia se nos evoca la idea de los arsenales como grandes complejos industriales que reordenan el espacio marítimo-costero y la importancia del espacio histórico-arqueológico e industrial, hoy también centros clave para el estudio arqueológico científico. Precisamente desde la historia se han realizado diversos análisis para intentar calibrar el tamaño de estas flotas y Armadas, su evolución, así como la cantidad ingente de recursos que demandaron en el largo tiempo histórico. Existen compendios, aportaciones historiográficas y antiguas obras de obligada referencia sobre las Armadas y flotas de guerra mercantes. Los buques de guerra, pongamos el caso, tenían una compleja tecnología, pero hasta qué punto se diferenciaban de otros barcos usados para el comercio es aún un enigma histórico.

Conservación y divulgación para el futuro

La conservación del patrimonio subacuático y marítimo constituye un reto social y cultural que va de la mano de la propia concienciación y protección de los océanos. La patrimonialización de todo resto relacionado con la acción antrópica en el mar debe formar parte de las directrices de los Objetivos de Desarrollo Sostenible (ODS) de las Naciones Unidas, ya que el patrimonio subacuático está relacionado con algunos de dichos Objetivos. Está presente en el Objetivo 11, dedicado a las ciudades y comunidades sostenibles, dada la importancia de las sociedades marítimas y costeras, en todas sus acepciones, incluyendo oficios y labores que por su naturaleza pueden estar implicados en la conservación, uso y divulgación de los bienes culturales marítimos. Por supuesto, también está presente en el Objetivo 14, enfocado a la vida submarina.

Hasta el momento, no se han impulsado de forma suficiente y activa las investigaciones sobre las implicaciones que para los ecosistemas marinos pueda tener la existencia de unos bienes culturales que yacen en el mar durante siglos. En estos casos urge el desarrollo de proyectos interdisciplinares y un mayor compromiso por parte de los Estados y las instituciones. Para lograrlo, es fundamental la cooperación internacional, así como una mayor fluidez en los procesos burocráticos necesarios para la tramitación de permisos o la declaración de bienes de interés cultural en patrimonio protegido. Esta necesidad formaría parte de una mayor alianza para lograr el ODS 17, en este caso relacionado con la protección de los bienes culturales de la humanidad a nivel mundial. Para ello también es importante colaborar entre países que se encuentran en distintos niveles de desarrollo político y económico con el fin de diseñar políticas de conservación, estudio y divulgación de los bienes culturales marítimos. En general, el patrimonio marítimo y subacuático debe estar presente en una ciencia oceánica inclusiva y literaria (*ocean literacy*). Al ser el océano una de las bases sustentadoras de la economía mundial, gracias a su aporte elevado de recursos, también forma parte de sectores relacionados con las economías locales y el turismo. En este aspecto, el turismo y los negocios relacionados con el patrimonio subacuático se han convertido en una manera ágil y atractiva en la divulgación y en un llamamiento a la conciencia sobre su protección.

El Consejo Superior de Investigaciones Científicas (CSIC) reconoce la inclusión del patrimonio marítimo subacuático en su programa sobre los océanos, tal como se recoge en el capítulo y reto nueve "Towards an Ocean-Engaged Society", del *Volume 13. Ocean Science Challenges for 2030* (CSIC, 2021). Sería interesante que este patrimonio histórico sumergido se incluyera en las expediciones del CSIC con barcos oceanográficos, con el objeto de poder aprovechar las infraestructuras existentes para labores de prospección e investigación.

En España, la arqueología marítima y subacuática aún se resiente de problemas ante la relativa falta de homogeneización, pues depende del modo en que cada comunidad autónoma protege y estudia el patrimonio histórico marítimo, costero, sumergido o intermareal. A este problema se une el que no existen centros oficiales de arqueología subacuática en todas las comunidades autónomas. Aunque sí existen grupos de trabajo activos en aquellas donde no se han creado estos centros, no siempre cuentan con científicos especializados, a diferencia de los que sí se llevan a cabo con la supervisión o dirección desde las universidades. En ocasiones, no se dispone de una financiación que permita el avance en los trabajos. En líneas generales, los trabajos de investigación se llevan a cabo gracias a colaboraciones puntuales.

Debido a esta falta de homogeneización territorial, y aunque en líneas generales se respeta la Convención de la Unesco de 2001, sería conveniente establecer un nivel de protección más elevado de los yacimientos identificados o no en las cartas arqueológicas en cada comunidad autónoma. Las instituciones deberían vigilar las actividades de buceo deportivo o aficionado y las posibles actividades irregulares en entornos de yacimientos. Sería importante también concienciar acerca de la armonización de la protección del patrimonio marítimo y subacuático con la del patrimonio terrestre. Acabar con la brecha existente entre la arqueología de tierra y la subacuática contribuiría a valorar los yacimientos sumergidos por lo que realmente son, yacimientos arqueológicos, no tesoros ni nada por el estilo. A esto ayudaría mucho alejar el intrusismo y evitar el sensacionalismo.

Para garantizar el cumplimiento de las leyes internacionales de protección del patrimonio, siempre se debería proporcionar a los arqueólogos y a otras entidades participativas (incluyendo a la propia Armada) normas prácticas para la investigación. En este caso, la formación continua de los métodos y disciplinas que se aplican en la arqueología de cuerpos de agua estaría sometida a una actualización. Sería beneficioso potenciar una mayor relación y fluidez entre las instituciones del Estado español y las comunidades autónomas para poder llevar a cabo investigaciones conjuntas. Asimismo, un mayor diálogo y la creación de centros de arqueología en todas y cada una de las comunidades autónomas, regiones costeras y archipiélagos, que estarían encargados de aplicar la política de protección y una regulación de la investigación, llevada a cabo siempre por expertos, y no permitir el intrusismo. Los centros de arqueología subacuática podrían establecer una cooperación entre ellos para poner en común sus trabajos y metodología, ampliar el diálogo entre las instituciones, responder a los problemas de musealización a veces existentes, así como contribuir a la creación de un observatorio eficaz para este patrimonio. Con el fin de atender los problemas aún existentes sobre conservación y restauración, se podrían organizar proyectos de investigación conjuntos y aprender lo que se está llevando a cabo en otros países donde tienen los mismos retos y objetivos. La participación del Estado y los Gobiernos autonómicos al mismo nivel se enriquecería con el fomento de la colaboración internacional e interdisciplinar entre los Estados y las instituciones, especialmente entre aquellos países en los que, debido a circunstancias históricas, existe patrimonio marítimo y subacuático compartido. Coordinar las acciones entre los diferentes centros de arqueología subacuática de las comunidades autónomas también enriquecería el panorama científico y técnico existente, porque las fronteras en el mar no son tan claras.

Finalmente, se debe vigilar a toda costa que los bienes culturales (objetos y artefactos) derivados del patrimonio subacuático y marítimo se depositen, guarden y gestionen en instituciones científicas o en museos, con el fin de asegurar su preservación y estudio a largo plazo. Esto incidiría en la supervisión de la aplicación de la Convención de la Unesco de 2001 para impedir que estos bienes culturales sean objeto de explotación comercial, especialmente en el caso de España, con la obligación del cumplimiento de las normativas del *Libro Verde* y del plan nacional con relación a permisos otorgados para el acceso a yacimientos. Se deben fomentar los planes de formación en patrimonio arqueológico subacuático, y no solo desde la perspectiva de las leyes que lo protegen, sino desde la arqueología científica propiamente dicha, contando con la colaboración de científicos expertos en el tema. Asimismo, contar con más opiniones técnicas y científicas de expertos, ampliando si es posible las comisiones, con participación de diversas instituciones relacionadas con la protección del patrimonio, como la Armada y la Guardia Civil, permitiría establecer un protocolo de actuación para las obras de infraestructura portuaria y obra civil, y elaborar una política eficaz de concienciación, sensibilización y divulgación. Mucho se está haciendo y logrando para la protección de los bienes culturales de procedencia subacuática y marítima y este patrimonio también es un constituyente fundamental del océano que queremos.

Bibliografía

ABULAFIA, David (2021): *Un mar sin límites, una historia humana de los océanos*, Barcelona, Crítica.

ALFONSO MOLA, Marina (2018): "El Anuario de Estudios Americanos y el despertar de la historia marítima en España", *Anuario de Estudios Americanos*, vol. 75, n° 2, pp. 543-576.

BASS, George (1963): "The Promise of Underwater Archaeology", *The American Scholar*, vol. 32, n° 2, pp. 241-254.

BOWENS, Amanda (ed.) (2011): *Underwater Archaeology: The NAS Guide to Principles and Practice*, Oxford, Nautical Archaeology Society, Wiley-Blackwell.

CASTILLO BELINCHÓN, Rocío (2009): "Conservación *in situ* de yacimientos subacuáticos", *Museo: Revista de la Asociación Profesional de Museólogos de España*, n° 14 (ejemplar dedicado a museos, mar y arqueología), pp. 9-41.

DELGADO, James P. (ed.) (1997): *Encyclopedia of Underwater and Maritime Archaeology*, Londres, British Museum.

GIBBS, Martin (2006): "Cultural Site Formation Processes in Maritime Archaeology: Disaster Response, Salvage and Muckelroy 30 Years on", *The International Journal of Nautical Archaeology*, vol. 35, n° 1.

GOULD, Richard A. (2012): *Archaeology and the Social History of Ships*, Cambridge, Cambridge University Press.

Green, Jeremy (2008): "Maritime Archaeology", *Encyclopedia of Archaeology*, Oxford, Elsevier Science & Technology.

Guèrin, Ulrike; Egger, Bárbara y Maarleveld, Thijs (2011): *Manual para actividades dirigidas al patrimonio cultural subacuático: directrices para el Anexo de la Convención de la Unesco de 2001*, París, Unesco.

Ivars Perello, Juan y Rodríguez Cuevas, Tomás (1987): *Historia del buceo. Su desarrollo en España*, Murcia, Mediterráneo.

León Amores, Carlos (2003): "Metodología de la arqueología subacuática", *Monte Buciero*, nº 9, pp. 109-125.

Muckelroy, Keith (1978): *Maritime Archaeology*, Cambridge, Cambridge University Press.

Nieto, Xavier (1999): "Hacia la normalización de la Arqueología subacuática en España", *Revista PH*, nº 26, pp. 138-143.

Pérez-Mallaína Bueno, Pablo E. (2015): *Naufragios en la Carrera de Indias durante los siglos XVI y XVII: el hombre frente al mar*, Sevilla, Universidad de Sevilla.

Pintado, José y Crespo Solana, Ana (2021): "Towards an Ocean-Engaged Society", en Ananda Pascual y Diego Macías (coords.), *Volume 13. Ocean Science Challenges for 2030*, Madrid, CSIC, pp. 181-199.

Títulos de la colección
¿Qué sabemos de?